A quarentena de um poeta

CB002460

Editora Appris Ltda.
1.ª Edição - Copyright© 2021 do autor
Direitos de Edição Reservados à Editora Appris Ltda.

Nenhuma parte desta obra poderá ser utilizada indevidamente, sem estar de acordo com a Lei nº 9.610/98. Se incorreções forem encontradas, serão de exclusiva responsabilidade de seus organizadores. Foi realizado o Depósito Legal na Fundação Biblioteca Nacional, de acordo com as Leis nºs 10.994, de 14/12/2004, e 12.192, de 14/01/2010.

Catalogação na Fonte
Elaborado por: Josefina A. S. Guedes
Bibliotecária CRB 9/870

	Ramos, Edimilson
R175q 2021	A quarentena de um poeta / Edimilson Ramos. - 1. ed. - Curitiba: Appris, 2021. 221 p.; 23 cm.
	Inclui bibliografia. ISBN 978-65-250-1395-4
	1. Ficção brasileira. 2. Memoria autobiográfica. 2. Isolamento social. I. Título.
	CDD – 869.1

Livro de acordo com a normalização técnica da ABNT

Appris editora

Editora e Livraria Appris Ltda.
Av. Manoel Ribas, 2265 – Mercês
Curitiba/PR – CEP: 80810-002
Tel. (41) 3156 - 4731
www.editoraappris.com.br

Printed in Brazil
Impresso no Brasil

Edimilson Ramos

A quarentena de um poeta

Appris editora

FICHA TÉCNICA

EDITORIAL	Augusto V. de A. Coelho Marli Caetano Sara C. de Andrade Coelho
COMITÊ EDITORIAL	Andréa Barbosa Gouveia (UFPR) Jacques de Lima Ferreira (UP) Marilda Aparecida Behrens (PUCPR) Ana El Achkar (UNIVERSO/RJ) Conrado Moreira Mendes (PUC-MG) Eliete Correia dos Santos (UEPB) Fabiano Santos (UERJ/IESP) Francinete Fernandes de Sousa (UEPB) Francisco Carlos Duarte (PUCPR) Francisco de Assis (Fiam-Faam, SP, Brasil) Juliana Reichert Assunção Tonelli (UEL) Maria Aparecida Barbosa (USP) Maria Helena Zamora (PUC-Rio) Maria Margarida de Andrade (Umack) Roque Ismael da Costa Güllich (UFFS) Toni Reis (UFPR) Valdomiro de Oliveira (UFPR) Valério Brusamolin (IFPR)
ASSESSORIA EDITORIAL	Renata Miccelli/ Evelin Louise Kolb
REVISÃO	Stephanie Ferreira Lima
PRODUÇÃO EDITORIAL	Jaqueline Matta
DIAGRAMAÇÃO	Daniela Baumguertner
CAPA	Sheila Alves
COMUNICAÇÃO	Carlos Eduardo Pereira Débora Nazário Karla Pipolo Olegário
LIVRARIAS E EVENTOS	Estevão Misael
GERÊNCIA DE FINANÇAS	Selma Maria Fernandes do Valle
COORDENADORA COMERCIAL	Silvana Vicente

Estante do Poeta

Entre os livros de minha estante
Há cantos juntados aos meus instantes
Em Fagundes, Cecília e Pessoa
De desencantos, amores e dores

A conversar entre si sobre o amor
O que pôs a se perder pela noite
O que vingou pelos cantos
E o que falou de si

Eles debatem sobre mim
A respeito da minha forma de grafar
Do meu peculiar
E da minha inspiração

A se tornar parte deste encontro
Minhas letras pedem escusas
Por cantar versos de amores tantos
Destinados à minha musa

E haverá outros em cantos seus,
estrofes a lhe pertencer:
" A Dona do Meu Coração"
E "Trouver"

Por meio desses versos, dedico esta literatura a minha fonte de inspiração, Maria Alice, uma formosa criatura, tão bela quão inteligente. Aquela que seu retrato faz coadjuvante à natureza, onde até o Dedo de Deus se esconde para o céu expor sua beleza.

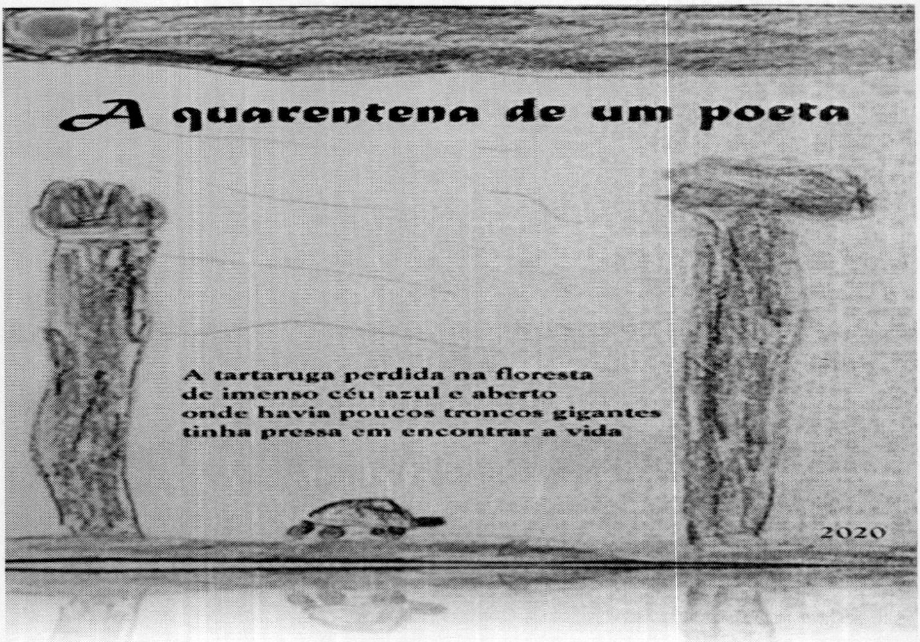

Fonte: compilação do autor

Prefácio

Não tinha como fugir. O limite da liberdade era a porta da casa. Lares viraram escola, escritório, consultório, palcos, plateia, templos. Ruas ficaram vazias, sem comércio, indústria, lazer, nada. O cenário era de filme de ficção científica no mundo todo. Só que era realidade. E contra o inimigo comum, a palavra de ordem era o isolamento social.

A história mostra que grandes obras foram criadas em momentos críticos de seus autores. E não foi diferente em meio à pandemia do novo coronavírus, a tragédia que em menos de um ano matou mais de 250 mil pessoas só no Brasil. O mundo parou. Houve desespero, surto, medo, adaptações diante do inimigo invisível, mas o talento também aflorou. E foi assim que surgiu *A quarentena de um poeta*.

O "diário" de Ed Ramos nos cem primeiros dias da pandemia no país passeia pelos fatos e seu cotidiano, envoltos em críticas sutis. Cada texto informa sobre o que acontecia na saúde, na economia, na política, nas ruas, em casa, diariamente, mas em saborosas poesias, obrigando o leitor a ler mais pausadamente ou seguidas vezes para degustar bem. O livro remete à memória e à pesquisa do mais tenso período da população brasileira coletivamente. É como um jogo em que se pode conferir o que é dito. Dá a fórmula de resgate do noticiário, já que sua poesia permite que o leitor acesse no tempo e no espaço o que a imprensa mundial e as redes sociais divulgavam. Cada capítulo situa o leitor com análise e conto dos acontecimentos, temperado por uma poesia sobre o tema. Não falta nada. Assim, Ed discorre sobre bons momentos em família e o pesado noticiário, com uma dinâmica regada a suas emoções, ora de amor e esperança, ora de revolta e crítica:

1. "Era comemorado o Dia dos Namorados e já se sentira o efeito do minimalismo, pois naquele ano não houvera ostentações de gastos e o mais valorizado fora estar na companhia do ser amado. Eu dedicara um dia de silêncio para minha Maria Alice, a deixar os meios de comunicação desligados. Em vez daquele jantar especial no restaurante da praia, degustamos uma saborosa lasanha de carne acompanhada de um sápido vinho tinto".

2. "O relato da pandemia daqui a oitenta anos talvez seja narrado de forma diferente. Os heróis poderão ser esquecidos, e os

> anti-heróis exaltados. Ninguém se lembrará da linha de frente formada por médicos e enfermeiros que estavam na dianteira dispostos a dar suas vidas para salvar outras [...] coisa alguma se comentará sobre os respiradores fantasmas que encheram os bolsos dos sanguessugas do poder".

Com um estilo próprio acentuado pelo predomínio do uso do pretérito imperfeito e linguagem conotativa, o autor traduziu a partir de seu isolamento, o sentimento de brasileiros confinados em suas residências para evitar a disseminação da praga que se espalhava a cada dia. Em diversos trechos, é impossível para o leitor não se identificar com os relatos poéticos das cenas e preocupações vividas por todos os que respeitaram o isolamento social. Nas entrelinhas são perceptíveis críticas a posturas políticas, crise no atendimento à saúde, preconceito, diferença de classes sociais, entre outros fatores nocivos ao momento tão raro na história mundial:

"Maria não pudera se levantar da cama, pois houvera excesso de atividades domésticas nos quinze dias que se passaram, e como não tivéramos a nossa fiel empregada, a grande guerreira contraíra uma dor lombar devido a muito esforço e fora necessário a volta de Betânia que se solidarizara com o momento e viera como nossa guerreira salvadora a nos apoiar. E o tempo foi passando, as opiniões estiveram a mudar, pois crescera o número de atingidos letais e dos sobreviventes marcados pelo medo [...] Temeroso eu estivera a acreditar que o pico de todo o impacto da pancada que nos atinge ainda não começara. Que ser poupado seria uma dádiva de Deus, pois era a sua vontade de querer ouvir meus cantos, dar-me puxões de orelha [...]"

"Arbitrariedade
Nos becos do território negro
Nas vielas das comunidades
Não obstante haja arrego
Tiros haverá à vontade
É a ordem do déspota
Que senta no trono
E do céu está a definir a rota
A ferir os Direitos Humanos"
São mortes divulgadas por dia
Uma contagem errada
Há as dos passageiros da agonia

E das promessas mutiladas
O que esperar do iletrado?
Que decora os estatutos
Que jura cumprir a lei do Estado
Que se diz absoluto

Ramos Ed, 2021

O uso de um desenho infantil é o sinal de esperança do autor. Apesar do cenário de uma floresta hostil, há a presença de um animal resistente, de vida longa, seguindo em frente e de cabeça erguida. É como se fosse uma mensagem de otimismo diante da peste que assola o mundo. Ed Ramos é um dos artistas que transformaram o seu sofrimento em arte durante a pandemia. É daqueles que vê arte em tudo. E *A quarentena de uma poeta* está aí para provar que arte não tem limites.

Rio de Janeiro, março de 2021

Joana Costa é jornalista, com atuação na grande imprensa, em comunicação constitucional e como professora universitária.

Apresentação

A quarentena de um poeta, iniciada no dia 16 de março, marcava os dias de ansiedade no outono de 2020. Uma pandemia do coronavírus seria a protagonista da história, todavia, a politicagem sobressaía e tornava cada vez mais aflito o coração do poeta que grafava o cotidiano, ora a fazer prosas de amor aos seus, ora a se manifestar contra a guerra fria da política. O autor escreve o seu diário a descarregar em linhas invisíveis os paradoxos da vida. O estilo barroco do Boca do Inferno misturado ao realismo de Machado mostra nesta obra a liberdade para desenhar assimetricamente uma sociedade que vivera o caos dentro do próprio caos.

Os conflitos gerados pelo discurso de ódio implantado pelo grupo de apoiadores do chefe da nação tivera um preço muito alto. A prioridade do governo era a Economia e fora utilizado covardemente a estratégia de sacrificar um rebanho numeroso para proteger os haveres dos burgueses.

Durante todo o tempo de confinamento social, a inspiração da narrativa vinha durante a noite que tirava o sono do poeta que, poucas vezes e com muita profundidade, escreveu sobre o amor dos seus.

A arte de uma criança desenhava a capa da história e o escritor a comparava a um mundo nu como as árvores desgalhadas da floresta tão distante uma da outra e via na imagem da tartaruga um animal protegido em um caminho único, que com sua cabeça levantada tem pressa de reencontrar a vida.

Em suma, o autor chegava ao fim de um pedaço de sua quarentena a literalmente lavar as mãos, pois fizera de tudo para completar os cem dias dentro da conformidade a se proteger e a orientar os seus.

Ed Ramos

Primeiro dia

Era necessário realizar alguns exames no laboratório de minha cidade vizinha, pois ainda me queixava de calafrios intermitentes pós-cirurgias de retirada de uma enorme pedra no ureter e respectivamente o cateter. Aprontei-me para logo depois seguir para o trabalho, mas já ouvia rumores sobre a paralização das escolas. Compreendia que as crianças não deveriam estar expostas, mas não concordara com algumas ressalvas do prefeito. Com a cabeça voltada para o problema da possível invasão de um vírus severo em nossa região, fiz os exames e me coloquei no grupo de risco. Não bastava as informações dadas pela mídia, eu precisava saber se era impreterível a minha presença no ambiente de trabalho, mas não obtive nenhum contato. Quando tentei dialogar com alguns líderes da Unidade Escolar, recebi uma resposta tão desagradável e aborrecedora que resolvi pegar o meu notebook e levar para a minha residência a executar em home office possíveis afazeres. Tão aborrecido eu estava a xingar mil palavrões por não entender a fragilidade das pessoas que coordenavam um grupo escolar.

No caminho para casa onde da janela do meu quarto eu assisto ao longe o mar, eu soltava fogo pelas narinas e a mil quilômetros por hora, eu culpava os que ignoravam a praga que penetrava em nosso mundo os chamando de "tolos".

Abri a porta e o apartamento vazio me dava uma sensação de segurança, pois fazia alguns dias que não o frequentávamos. Mas aquele momento de solidão despertou ainda mais o medo de perdermos os entes. A geladeira estava vazia e o mercado ao lado me convidava a percorrer entre as gôndolas a escolher os produtos cotidianos.

Observei dezenas de idosos a encher seus carrinhos e fiquei perdido a não saber o motivo da contradição ou da simples coincidência. Ao retornar para casa, encontrei Alice com uma intensa preocupação com seu velho. Minha vontade era de trazê-la para os meus braços, mas imediatamente corri para o box do banheiro e sob os jatos da água gelada eu refletia e pensava:

"Havia uma pedra no meu caminho
A me tontear de dores
A impedir a chegada ao ninho
Que sonhei pousar

Todavia, Deus me manobra
E cobra baixo o meu preço
A colocar anjos de sobra
A me guiar

Os amigos que me aconchegara
O doutor que me assistira na madrugada
A senhora que me abraçara
E os que pausavam a pancada das águas

Os holofotes e o tapinha no meu ombro
Foram os últimos antes do meu sono
E ao acordar não existia mais a pedra
Havia Maria a me mimar."

Segundo dia

Os meus braços não alcançavam Alice naquela manhã, quando despertei de um leve sono. Eu imaginava a cidade vazia com suas ruas desertas, mas o que assisti na televisão foi o descaso dos patrões que exigiam a presença dos seus funcionários a gerar um caos nos meios de transporte. Fui obrigado a comprar um produto na farmácia localizada a cem metros do meu lar e tive a mesma dificuldade rotineira de atravessar a estrada, pois havia diversos carros transitando rumo ao centro da cidade.

Encontrei no estacionamento ao voltar um senhorzinho com uma caixa de ferramentas a consertar seu automóvel, pessoas com trajes fitness a iniciar suas caminhadas e trabalhadores a podar as belas pequenas árvores do condomínio. Eu gostaria de poder avisar o quão seria arriscada aquela exposição à coisa que já se encontrava localizada. Talvez um megafone resolvesse o problema ou um broadcast nos celulares fosse uma maneira de repetir o grito ambíguo de minha mãe: "Meninos, vistam a camisa e entrem, pois podem pegar uma pneumonia".

Seria impossível qualquer tentativa, o jeito era esperar que o senso comum das pessoas as fizesse entender que todos estavam diante de um fato social patológico que, segundo um dos três pensadores clássicos da sociologia, atinge grandes dimensões a ameaçar a sociedade.

Apertei tenebroso o botão do elevador e quando adentrei no meu apê, lavei literalmente as minhas mãos:

"Fato social patológico

Um fato social que chama a multidão
Um poder de coerção sobre os homens
Que aceitam a troca
E nos impedem de ser contra

Há outro acontecimento
Este, doente
Que se aproveita do momento
A persuadir os idólatras

A usura quando vier
É tão elevada quão a renda
Outro fato social normal
Que do homem se alimenta

E o déspota literalmente veste a camisa
E a umedece de grãos destilados
A se misturar com o suor castiço
A contaminá-lo de corrupção."

Terceiro dia

Eu já me sentia tenso após uma noite quente em que minha seminudez não impedira o suar intermitente do meu corpo isolado de Alice. Durante o jornal da manhã, assentado em minha poltrona a tomar meu café amargo, eu viajava no tempo depois de ouvir o perigo prestes a adentrar em nosso abrigo.

Ao acordar, Alice já sabia de minha renúncia em beijá-la e de longe jogou apenas um sorriso de bom dia. Era o momento de abandonarmos o apartamento que recebia a maresia e partirmos para a nossa casa situada no local mais quente do estado. Ao entrarmos no elevador, aquela parede de aço quase nos levou a pânico, pois havia marcas de pequeninos dedos espalhadas pelo seu interior. O trajeto era feito de forma minuciosa e observávamos ainda pessoas mantendo suas rotinas, o que me deixou aflito, pois o dito não estava sendo obedecido.

Enfim, encontrei a paz na inocência de uma criança que correu para os meus braços a me fazer desprezá-la antes de tomar um banho no chuveiro do quintal.

À tarde fora de expectativa pelo andamento da curva que se iniciava em nosso mundo. Um mundo que se tornara um gelo:

"O Mundo é um Gelo

O mundo a violentar-se a cada segundo
Com ajuda do vento que vem do norte
O mundo a mutilar-se gélido e sopeso
Um gelo seco a refrigerar a morte

A morte é fria como o sangue

Frieza que mata os sonhos reais
Uma geleira na alma alheia
Vivalmas geladas a ostentar
Com minas de vintém alheio

O mundo é um gelo..."

Quarto dia

O tempo fechou e ao levantar da cama improvisada na enorme sala do lar de Mesquita, assisti ao pássaro canoro a se proteger apenas da garoa entre os galhos de uma árvore do quintal. Gostaria de sê-lo para voar em direção àquela pequena vila de um bairro da zona oeste da cidade maravilhosa para pousar sobre a telha romana que cobre o aposento de Duda e cantar:

"Maria Eduarda

Na madrugada fria de junho
Esperando Eduarda era Copa do Mundo
O mundo orava em silêncio profundo
Pela chegada de Maria, era madrugada fria

Maria Eduarda chegou, rolou a bola
No estádio do meu coração
Comprei uma cadeira cativa
Pra não perder a emoção

E a bola rolou do outro lado do mundo
Onde se ouviam as vuvuzelas
E no colo da Barra as cornetas soaram
Anunciando que era ela, Maria Eduarda
formosa e bela

Maria Eduarda chegou, rolou a bola
No estádio do meu coração
Comprei uma cadeira cativa
Pra não perder a emoção."

Voltei à realidade e especulava a ideia de que podíamos estar preservados devido ao nosso clima tropical, todavia, isso seria apenas a corrente do positivismo estando a percorrer em minhas veias. Discutíamos entre nós sobre a catástrofe e todos concordavam que havia muitos atrasos nas decisões tomadas pelos nossos governantes, tentávamos ser coerentes com as nossas opiniões e, no final dos nossos debates, nossos olhares se cruzavam a querer o enlace, contudo, mais uma vez sabíamos que o não contato era fundamental para a nossa supervivência. Os informes chegavam em disparadas a anunciar o primeiro óbito e chorei em silêncio pela nossa nação, logo após, recebi o telefonema de minha cria que implorava para que eu não saísse de casa, o que me fez repetir minhas sensações. Ao anoitecer, enquanto sob a ducha fria eu me higienizava, meditei:

"*Chuva de flores*

Se flores caírem sobre mim
Talvez seja um banho da sorte
Ou chegara a hora da morte
Pois houvera o começo ou o fim

Se for pétalas de girassol
É o desejo de rosas
Mas se for uma coroa de flores
É o remate do meu livro de prosas

Que sejam as flores do quintal
A cair sobre mim
Todo o fim de primavera
Do seu canteiro de jasmim

Sob a chuva de flores belas
Brancas, rosadas, amarelas
A que mais me aroma
É você, a flor do poeta."

Quinto dia

O sol retornava a me cumprimentar e a trazer benefícios para o meu organismo. Eu fazia um histórico do meu estado atual de saúde a me iludir, a estar enganado em me sentir privilegiado e talvez escudado contra este inimigo invisível, pois não era hipertenso, diabético, fumante e outras coisas. Contudo, estava disposto a manter meu físico saudável e vivi à tarde uma bela história:

Asaph

Havia lá fora um grande perigo e eu estava sitiado em minha casa a respeitar a quarentena. Necessitava ter todos os cuidados por pertencer a um grupo de risco, mas não posso deixar de narrar a inocência:

Precisava exercitar meus pulmões e, no espaço corredor do quintal, eu caminhava vinte metros e retornava no pique tantas vezes até ser interrompido pelo velotrol estrondoso daquela pequena criatura a vir disparado na contramão em minha direção, a me fazer desviar sobre sua cabeça. O moleque serelepe, que recentemente acabara de completar quatro anos, ao avistar minha atividade disparou seu desejo:

— Vô Pico, deixa eu brincar contigo também.

Não pude resistir àquele pequeno e destemido ser e o convidei a disputar uma corrida. Na linha de partida, eu contava até três e ao partir o via a dois metros de distância se antecipando a largada e em forma de zigzag impedindo a minha ultrapassagem a chegar inúmeras vezes no portão de ipê que recebia a pancada de campeão. Seus gritos chamaram a atenção de Alice que, ao se aproximar, ouvia:

— Ganhei de novo!

Tive então a ideia de quebrar aquela hegemonia e impusera uma arbitragem. Alice daria a partida para impedir que o espertinho não queimasse, mas mesmo assim o que se vira eram os pulos de alegria do pirralho. Cansado, sugeri a última corrida e, antes do tiro inicial, apontei para o céu e lhe falei:

— Olha lá um navio!

O pequeno piloto perdeu os seus preciosos segundos para procurá-lo, o que o deixou para trás a fazer com que eu vencesse pela primeira vez. A derrota não foi bem recebida e ouvimos um barulhento desmonte do triciclo e tentamos explicá-lo sobre a importância de saber perder, vimos Asaph erguendo as duas rodas a segurar pelo eixo e a simular um haltere a dizer:

— Vovô Pico, quero ser forte igual a você.

Sexto dia

Era o primeiro fim de semana sem futebol. Os campos de várzeas vazios finalmente nos fazia entender que o povo carioca e o da Baixada Fluminense estiveram a se conscientizar. Abri o portão e pela primeira vez não avistei a vizinha que todos os dias varria o chão a dizer sobre a vida alheia, não via o copo de cachaça que alimentava o jogo de cartas em frente ao bar, não via as testemunhas apertarem campainhas para apresentar Jeová, não via o homem do saco vender o aipim de Japeri, não via os peladeiros aglomerados na esquina. Todos estavam na mesma barca, onde não deveria haver distinção de cor e nem outro tipo de preconceito a me fazer entrever que o sangue humano é de somente uma cor, que nessas horas o preto salva o branco e o branco salva o preto:

O soldado preto junto ao soldado branco se expunha para nos proteger, o enfermeiro preto junto ao enfermeiro branco se arriscava a cuidar dos pacientes, o motorista preto junto ao motorista branco transportava o risco, outros mais pretos e brancos lutavam pela minha vida anonimamente e reforçavam que haveria uma esperança de que depois de tudo passar teremos um mundo diferente e não mais me manifestarei desta forma:

"Um rapaz mulato

Se o preto é um cara pobre
Tem a alcunha de Feijão
E se o branco é um cara pobre e o
chamam de Arroz

Se o preto é rico não há indistinção
Se o preto fica bonito há aproximação
Se o branco é pobre não há integração
Se o branco fica feio há segregação
A cota do preto, o branco protesta
É o branco querendo se justificar
A cota do branco , o preto detesta
É o preto não podendo lutar

E se o preto salva o branco, a sociedade desce do tamanco. O preto doa o seu sangue, que misturado ao sangue do branco, lota o banco que transfunde por ordem do branco, que de jaleco branco salva o preto e tantos brancos. E bato no peito a dizer que sou um "rapaz mulato', não roubo e meu lombo não transporta cargas. Sou miscigenado pelo ato preto e branco e o meu sangue é da mesma cor do preto e do branco."

Sétimo dia

O domingo era de sol, em outros tempos eu estaria na beira da piscina do Rota do Sol a me esbanjar de alegria em companhia de Alice. Entretanto, o que poderia desviar o meu pensamento das coisas dantescas era assar uma carne. Encomendei um pedaço de alcatra do boi do Chile, algumas asas de galinha e uma dúzia de linguiças toscanas. Não existia nada que me proibisse fazer um almoço tão delicioso para os meus.

Era uma forma de espairecer cortar as unhas das asas e temperá-las com alho socado em pequena quantidade de sódio. Limpar a gordura da grelha sob a bica da garagem sempre me trouxe desânimo e preguiça, mas desta vez qualquer que fosse a atividade seria muito bem-vinda. Alice estava cansada, sua semana tinha sido muito atarefada devido à mudança doméstica e novos hábitos. Ela merecia ser bem servida, pois era digna de ser exaltada. A cada semana eu deveria por amor e gratidão separar um dia para que suas forças fossem restauradas, pois a mulher virtuosa tem o valor que excede a uma pedra preciosa, como disse Salomão.

Tão nobre é essa companheira que canto sem cessar o quanto estou amiúde a apreciá-la:

"Mulher

Mulher é como uma flor
Que pétalas são seus cabelos
E suas sépalas, as suas vestes
A proteger seu lindo talhe

Uma flor incompleta
Todavia, repleta de perfume
A ser a menina dos olhos
Da mão masculina

Que muitas a tocam sem lhe cuidar
A arrancá-la da terra
A esfarelá-la
A jogá-la no ar

Mas o vento a conduz
E de volta ao bosque reluz sua beleza
É o renascer da semente
Do mais belo ser da natureza."

Fora um dia de ode à Alice, cotejando-a com as nove musas da mitologia, tal são as suas virtudes:

"*As nove musas*

Musa, minha grande paixão
O meu coração é o seu templo
Onde aguardo o momento
Da mais bela inspiração

Com a suave voz de Calíope
E a arte do bem falar
Estou a me convencer
Que amor é um atributo do cantar

Com o que proclama Clio
A invadir minha lauda
Que aguarda a sua chegada
Para traçar cousas

Com a poesia lírica de Erato
Que com o som da lira pequena
Dá-me o momento exato
De exaltar-te, Morena

Com o sonido da flauta de Euterpe
Que doa a mim prazeres
A me fazer desenhar seu talhe
Nos detalhes do meu canto

Com o alerta da poetisa Melpômene
Que desperta minha destra
A não cometer erros
A escrever a catarse

Com o acervo de Polímnia
Que louva a Deus
A me deixar grato
Pelos atos seus de compaixão

Com os odores de Tália
A que faz brotar flores
A incitar o meu sorriso
Ao vê-la passar

Com o balé rodopiante de Terpsícore
Que desfila o seu corpo
Coberto de tecido de grinalda
A impulsionar o verossimilhante

Com a celestial Urânia
Que comanda o mar
A me fazer encantar
Pela dança das águas

Com Alice, a mais bela."

"À noite eu a tivera em meus sonhos:

Beijos e mais beijos

Quero me besuntar com o seu batom
A sua bocarra na minha boca fechada
Como o pão que saiu da primeira fornalha
No fim da madrugada

Quero o café da manhã na mesma cama
O chuvisco das águas mornas no mesmo lugar
A toalha gigante a nos secar
No instante que retorno a te beijar

E outra vez quero me lambuzar dos seus beijos
E mais beijos, beijos e mais beijos."

Oitavo dia

Passou-se uma semana e a segunda-feira não possuía mais o rotineiro ar de desânimo. Eu renunciava a vontade de fugir para a rua, mesmo sabendo que seria vacinado contra um velho conhecido por ordem da Secretaria de Saúde. Minha desobediência tinha sentido, porque houve um caos durante o processo mal programado. O grupo da terceira idade enfrentara filas e por irresponsabilidade dos organizadores, mantivera-se aglomerado a convidar o algoz para sua própria execução. Restava, então, ouvir os debates e os novos bombardeios. Uma medida provisória suspendia por quatro meses o contrato do trabalhador, mas, graças a Deus, logo foi revogada pelo próprio publicador. Nesta janela de tempo em que alguns amigos ficaram sem seus salários, eu tive dó ao imaginar os que tanto defenderam o capitalismo a sofrer sem ajuda do governo.

Os empregadores não seriam capazes de abrir mão dos lucros em prol da sustentabilidade de seus funcionários, isso me deixava triste, pois eu acabava de ligar para Bê a dispensá-la de seus afazeres domésticos para que resguardasse a saúde dos seus.

A mídia dava ênfase a pesquisas sobre os governadores, a me deixar perplexo pela falta de concentração no tema de maior importância mundial. O mais importante meio de comunicação insistia em peneirar erros cometidos pelo Chefe de Estado por meio de pesquisas datadas, a nos passar precisas informações sobre como nos prevenir. Impor o isolamento social era muito pouco para nos tranquilizar. O que tivera que ser feito foi ignorado a favor do capital que imperava sobre a humanidade a ser um vírus permanente em nossa sociedade explorada.

"Germinal

Brotou-se a semente do capital
O germinal da primavera
Um germe da mutação social
Uma nova era

Escoras precárias das minas
pagas pelo suor do labor
De pernas dobradas esfolaram
as escórias da sociedade

A revolta dos peles pintadas
Entoando gritos de pão
Acendeu o fulgor do burguês
que ignorou a manifestação

O poeta no meio do povo
Chorou pelo revés
Mas recitou aos ares da estrada
A letra da esperança."

Nono dia

O sono se foi as duas horas da madrugada, eu revia parte de minha obra literária e alguns dos mais de quatrocentos textos conversavam comigo. Dera somente ouvido aos poemas de amor.

— Chega de críticas e sarcasmo!

Era o momento de viver a mais forte de todas as armas, o amor pelo próximo. Dei uma pausa no poema das flores, seres vivos que nos alimentam de sua beleza e seu olor ao ouvir que:

"Flores

No terceiro dia Deus criou as flores
Pois juntou as águas debaixo dos céus
E quando apareceu a porção seca 'Terra'
Nasceram as primeiras sementes e ervas

Então, por que o colher dessas flores?
Se mortas na mão lixo serão
Se secas perderão suas cores
E os seus odores ficarão em vão

Pelos colibris, são fontes beijadas
E também pelas águas entornadas
Do chafariz das praças, pela relva do campo
E pela ressacada da mata

O vendaval da tarde que traz o temporal
Não logrará a morte do floreio natural
E quando o inverno passar, aparecerão
flores na Terra
Pois será o tempo de cantar a se ouvir dos
pombos, o arrulhar

Uma aldravia batia na porta do meu coração a toar:

perdurar
coisa
de
pele
permanecer
preso."

O dia amanhecia e havia tarefas a serem feitas pelo provedor. Pus no fogo a água do café, ao lembrar as tantas vezes que Tontonha batia a gema com canela em pó misturada ao leite para sustentar meu dia.

Recebi uma lista de compras para abastecer a despensa e via "delivery" solicitei os alimentos. Ao caminhar para atender a campainha, temia pela forma de entrega e fiquei atento, porém, sentia-me seguro ao ver o empregado do supermercado com um traje exótico a fazer o despacho dos produtos. Esta estivava a ser a realidade do mundo. O meu super-herói vestia uma capa de chuva, calçara sapatilhas propé, usava luvas de hospitais e máscara de cirurgião a servir a nossa cidade e a enfrentar um adversário sorrateiro. Ele realmente representava os que amavam o próximo, estava no meio da guerra a arriscar sua vida a não querer que gotículas viajassem em direção aos poros dos velhinhos. Senti-me lisonjeado com tal cena e ao encontrar Alice na cozinha, jorrei outras gotas de lágrimas no chão que rapidamente tratei de higienizar.

O restante do dia foi de reflexões, aprendizados e orações. O meu deitar solitário era coberto por um lençol de fustão e o adormecer veio suave como a paixão de dor que eu vivia.

Décimo dia

Na noite anterior houve manifestos sonoros nas janelas e sacadas de vários prédios espalhados pelo Brasil. Muitos estavam perplexos com o anúncio desumano do comandante. Em alusão ao auto clássico da literatura portuguesa do grande escritor Gil Vicente, podemos dizer que haverá uma barca do inferno a partir.

O que se via nas redes sociais era uma guerra das britas, muitos a criticar o capitão e poucos a acusar o ex-comandante, que nada tem a ver com o momento atual, em vez de justificarem o erro. Entrei na briga e pela primeira vez não publiquei somente poesia:

"Quando você diz que outros vírus mataram muita gente, não se esqueça de que eles eram defensáveis, ou seja: havia vacinas e outros meios para evitá-los e nós homens os desprezamos, como exemplo, o próprio vírus da dengue que sabemos como nos defender e deixamos nossos quintais sujos. O coronavírus é sorrateiro, ataca covardemente por meio de seres inocentes que não apresentam sintomas e é por isso que todos devem ficar em casa, mas alguns heróis deverão estar na linha de vanguarda para receber no peito as pancadas e o que estiverem na retaguarda, pensem, independentemente de suas ideias políticas". Chegando ao final do texto, eu narro no futuro a dizer nas entrelinhas que a curva ainda está somente no início, mas prefiro responder o que sempre gostaria de ouvir:

"Discordo, mas respeito."

Intratextualizando o meu livro *Versus da sociedade*, eis uma crítica:

"Ira induzida

Há dedos perdidos a teclar a ira
Induzidos pelos gestos de socos no ar
E o ser de emoções não contidas
Teima em se equivocar

Palavras frias não pensadas
Lançadas na tela de cristal
São as sementes a ser espalhadas
Nesse mundo virtual

É o mal que se empenha a te seduzir
Por via dos homens maus
Que oprimem, em resenha, os fracos
Que não têm o direito de agir

E a imagem da morte é tão vulgar!
O que se esperar então?
Haverá, em todo lugar, atiradores de precisão
Acaso o perigo se manifestar?"

Décimo primeiro dia

Eu acordei e não havia mais uma vez Maria ao meu lado com suas pernas sobre as minhas. Estava difícil manter o pacto, todavia, eu a via passar no início da madrugada e renunciei o desejo de me levantar.

Fazia parte da peleja não se desconcentrar como aqueles soldados de Gideão que lamberam o rio. Separei novamente a gema de dois ovos e as bati com pó de caneleira e açúcar cristalizado a misturar com leite quente, e meus pulmões agradeceram. O sol me convidou para um passeio e mais uma vez renunciei.

Estava a ser difícil o confinamento e a morbidade crescia a me entristecer. A mesma fonte que me deu essa informação noticiava uma grande preocupação com a economia do país.

O que seria mais importante?

Interromper a rede de contágio ou jogar com a sorte.

Quem impôs "às ruas" seria aclamado depois que tudo passasse ou haveria, então, em pouco tempo outro holocausto:

Holocausto Brasileiro, século XX, e o Governo da época se omitiu. Foram mais de 60.000 mortos de maneira covarde e o poder ignorara:

"Holocausto Brasileiro

Houve um tempo sem tempo
Havia uma senzala sem escravo
Haveria socorro sem medo
Há um desinteresse do caso

Era um lugar mais distante
Muito longe da capital
Onde não havia o mirante
A observar o hospital

Eram lançados à colônia os entes
Onde o sol desancava suas peles
E as moscas varejavam as feridas
Dos carimbados doentes

Milhares de caixas a desfilar
A subir o morro dos mortos
A ser enterrados sem forro,
Os indigentes sem foro

O artista desenhou a barbaridade
Que pousava desfolhada, nua
E revelou em Letras
O genocídio da sociedade

E ao redor do penar dos inocentes
Uma coroa de flores a se perdurar
Enquanto as mãos dos dementes
Atestavam o finar."

Parte superior do formulário

Décimo segundo dia

O sol insistiu em me arrastar para a liberdade, porém, eu estive convicto que deveria continuar preso junto à Maria Alice. Eu poderia de longe apreciá-la quando de posse de uma vassoura e um balde d'água e sabão, ela esfregava o chão do quintal. Ela estava sempre a se ocupar com alguma coisa e de vez em quando tocava violão a cantar louvores a Deus.

Eu continuava a assistir a evolução da catástrofe pelo mundo e via o inimigo a vir como uma nuvem de gafanhotos a destruir plantações. Dei uma aula de português a distância para minha filha e me orgulhava da sua força de vontade de dominar a disciplina. Esta quarentena estava a mudar muita gente. Muitos estiveram a dar mais atenção aos seus. Recebíamos mensagens positivas de pessoas que jamais imaginávamos obter.

Depois da Segunda Guerra Mundial, esse era o nosso maior desafio. Desta vez, os americanos não demoraram a entrar na guerra e a Grande Maçã era considerada o epicentro da pandemia no país com quase quarenta mil infectados. Os Estados Unidos passaram a China em número de contágios do novo coronavírus, a criarem um paradoxo de que os de maior poder econômico comeram na mesma mesa dos que passam fome.

Uma medida do nosso governo tranquilizava o povo, pois existia uma ajuda econômica para os trabalhadores informais e patrões impedindo o pandemônio na área de trabalho.

Gostaria que tudo fosse ficção, que o denotativo dessa função de linguagem referencial se transformasse em uma grande mentira e que cada texto fosse carregado de conotações:

"O poeta peta

Conotativas são as coisas do meu mundo
Um embarque na minha literatura
Assentado diante dos montes uivantes
A ler pedaços meus, de Machado e Carpeaux

E dá vontade de mentir
A exagerar nos milhões de beijos
Nas comparações com as flores
E no exaltar dos mitos

Admito que cantos invento
Que ironizo os maus momentos
Que misturo os sentimentos
E as sensações que vivo

E em paráfrase lhes digo:
O poeta peta tão completamente
Que chega a petar a dor
Que deveras sente."

Décimo terceiro dia

Possivelmente, ele veio de uma iguaria e a expressão idiomática "Eat like a horse" resumia que mais uma vez o ser humano não media a força de seu consumo.

Consumimos tudo o que se vê pela frente e quando se pode, buscamos o mais delicado e delicioso em busca do prazer. Este também era um dos caminhos que o mal utilizava para nos contaminar, ele veio por meio das coisas exóticas que fogem dos padrões básicos. Chegava, talvez, via cais como os perversos vikings conquistadores a nos invadir sem perdão.

Segundo alguns sociólogos, o mundo virou uma aldeia devido à globalização e nada mais é motivo pra guerra, deve-se formar uma unidade para vencer esse perigoso malfeitor. E o que se poderia fazer era obedecer a não se esquecer de buscar a coerência. Os números não mentiram, mas me sentia esperançoso pelos relatos de algumas pessoas que foram infectadas e sobreviveram, pela positividade dos que estão ao meu redor e pela vontade que tinha de abraçar demasiadamente a todos depois que a tempestade passar.

O dia passou vagarosamente e observei os pássaros a sobrevoar sobre o jardim e o beija-flor que sugou o néctar para reforçar suas energias a me fazer querer sê-lo. Reguei as plantas e o sagu abria suas asas como um pavão exibicionista, a cheflera empinava-se com suas folhas verde-amarelas, a eugênia se contraía tímida a me agradecer, o pseudo pé de milho encharcava-se e a ixora se fartava dos pingos d'água a impulsionar a abertura de suas flores. A natureza me gratulava a me fazer pensar em como deveria estar as cores daquele lugar na Serra de Macaé em Trapiche:

“As cores da natureza

Pingos brancos a percorrer o verde
das montanhas
É a boiada a pastar desde a madrugada
Sob o estrondo das cigarras
Imagino o sol que virá me tostar

Entre nós, o gavião-carijó que voa
A procurar os roedores na estrada
A abrir suas asas listradas
Mergulha como uma flecha venenosa

E se vai à copa das árvores
Que assombra os caminhos dos lagartos
E libera a vista do quadro
Que minha mente pincela

Com os verdes da coutada
Das nuvens, o branco
O azul do céu, o cinza das pedras gigantes
E o rosa dos barrancos.”

Décimo quarto dia

Um domingo especial estava para acontecer. O amanhecer surgia com o sorriso lindo de Alice vindo em minha direção a ironicamente comemorar quatorze dias de nossa separação. Aproximei-me de sua face e a toquei levemente para logo beijá-la como da primeira vez a querer besuntá-la com o seu batom, a ter a sua bocarra na minha boca fechada como o pão que sai da primeira fornalha no fim da madrugada. Quis o café da manhã na mesma cama, o chuvisco das águas mornas no mesmo lugar e a toalha gigante a nos secar no instante que retornava a beijá-la. E outra vez desejava me lambuzar de beijos e mais beijos, beijos e mais.

Separava esse dia somente para nós dois. Desatava-me do que me assolava e me convencia que tínhamos que viver o momento:

"E se não houver o amanhã?

Não apresses o amanhã
Viva o hoje tão descomedidamente
Para que o ontem deixe saudades
Da quantidade de prazer

Tolere os alaridos da madrugada
Para que o som do começar do dia
Seja o de uma sinfonia de amor
A vir dos bichos de seda

Não retenha o suor da vontade
Conceda seus braços
Desabroche as flores
Com o calor de seus abraços

Viva com veemência a cada instante..."

Uma poetisa no dia anterior havia me incentivado a esquecer da dor, e em seus cantos ela me dizia que a poesia trazia em si a certeza de que tudo passa.

À tarde, comemos pastéis no café, assistimos a um filme e voltamos no tempo a nos recordar dos nossos micos, causos como o da dentadura que voara pela janela no meio da Rio-Santos a caminho do Parque Mambucaba, onde Maria me aguardava desde cedo, e somente à noite, o desdentado ser surgia a contar sua aventura que começara no Bob's do calçadão de Nova Iguaçu que me serviu um milk-shake de morango de setecentos ml, a passar pelas duas latinhas de cervejas na Rodoviária até chegar à ladeira asfaltada do bairro de Japuíba em Angra dos Reis, que recebeu meus dentes postiços após o enjoo da viagem.

Quando chegou o anoitecer, eu tapei meus ouvidos para o mundo e voltei mais uma vez no tempo em que éramos adoráveis vagabundos:

"*Madrugada fria*

Madrugada fria, noite nua, sem lua
Na rua e sob a marquise do bar
A reprise do som da tropicália
Nas vozes dos adoráveis vagabundos

Só havia balas de mascar
Beijos perdidos no ar
A cultura a vencer a censura
E o flagra da mistura samba

Toca na cabeça e cachecol
A hegemonia no futebol
Pouca gente, pouco trabalho
E uma enchente de rebeldia

E na gandaia o balão a cair
Marcava o encontro desta geração
Nesta, Brotos e carangos
Eram mais belos que a nação."

Décimo quinto dia

Logo cedo, reconectei-me ao mundo e assisti ao chefe do planalto, um lugar plano e alto onde há indivíduos que não querem saber do saber, próximo a uma pequena aglomeração a cumprimentar algumas pessoas e estar bem pertinho de um pai sorridente que carregava um menino no colo. Logo após, perguntado sobre o perigo, ele respondia brutalmente contrariando o eufemismo:

— Todos iremos morrer um dia.

Houve mais bônus de munições carregadas para os que disputaram os jogos de guerra on-line. Os soldados da esquerda bombardearam os da direita que rebateram com fogos de artifícios a festejar a atitude do chefe mor. Esse pai tão amoroso me chamava atenção pela tietagem, o que me fizera pensar: "A retórica faz o homem ovacionar seu executor".

Ouvia também pessoas continuarem a desafiar os intelectos da Organização Mundial de Saúde em colocar em pausa a polêmica de que se alguns trabalhadores essenciais poderiam estar expostos tendo idosos na família, qual seria a diferença?

Isso me chamava atenção, pois quando um teólogo repleto de experiência que participou de vários seminários afirmava que um determinado conteúdo da bíblia é uma verdade absoluta, por que não se acreditar no positivismo de uma equipe de estudiosos internacionais da área de saúde que por meio do empirismo nos daria a certeza de um fato?

O homem é fácil de ser dominado, mais uma vez os líderes que gostam de serem chamados de doutores querem nos alienar, somos corpos dóceis, como disse Foucault, e tudo se traduz nesta canção:

“Lobotomia

Somos loucos e cegos
em busca do prazer
Quando o id ataca o ego,
o super moraliza o ser

Somos ora gratificados
Ora sob controle
Somos loucos desenfreados
Ignorando nossas dores

Mas desejam nossos cérebros
Para nos lobotomizar
Doutores são loucos
Querem nos alienar

Fugimos então da razão
E voltamos ao delírio
À loucura de viver
Em estado de alforria

Somos donos?
Somos livres?
Somos insanos?
Somos o quê?”

Décimo sexto dia

O dia começou com um pequenino conflito entre vovô Pico e o seu Pirralho:

Abri a torneira para molhar as plantas que desejavam a água para o seu viver. Não havia nenhuma gotícula e Alice entrava em desespero. Lembrava-me que o nosso peraltinha na tarde anterior deu um voo perdido em volta da casa a nos fazer procurá-lo e o encontramos próximo ao registro geral de água a brincar solitariamente. A ficha caía e verificamos logo que o pequeno volante da nave que transportara o abastecimento d'água estava girado todo para a direita como o da direção trancada de um automóvel. Não fizemos alarde para não estimular as reprises e logo as coisas voltaram a funcionar, inclusive, o banho de mangueira que Asaph tanto se agradava.

Quem dera os conflitos que vejo fossem com estes tão fáceis de solucionar, os atos ruins involuntários fossem perdoados e os premeditados fossem punidos, que víssemos a inocência nas pessoas antes de querer julgá-las e que houvesse o discernimento capaz de sabermos separar o joio do trigo. Mas o que se presenciava era a falta de sintonia entre os que lideravam a nossa sociedade no combate ao invisível terrorista que queria impedir toda humanidade de respirar.

Ao deitar-se na rede após o almoço, eu vi a rolinha-roxa a desfilar pelo piso morno do quintal e depois voar para o telhado de amianto, onde havia uma reunião de pardais que lhe deram boas-vindas com algumas picadas, como se fosse o cumprimentar nesse mundo dos pássaros. Mais uma lição para o poeta que aprisionado tentava entender o comportamento humano.

Às vezes, penetramos nos lugares a esperar o afago e recebemos chutes vindos de toda direção dos que esquecem que a vida é curta para alguns e longa para outros, porém, sendo vítimas do mesmo predador.

“A *Vida tomba*

A vida tomba quem vive na sombra
Quem serra nos bares
Quem aposta em azares

A vida tomba o demente que zomba
Os homens sem sombras
Que abandonam os lares

A vida tomba o marido que mente
A esposa que cede
À proposta indecente

A vida tomba o soldado que pede
A viatura que mede
A cor do rapaz

A vida tomba o pai que violenta
O filho que parte
E não volta jamais

A vida tomba a mulher que ostenta
E depois se lamenta
Pela perda do gás

A vida tomba o aluno que cola
Que guarda na cartola
A carta de Ás

A vida tomba e só se levanta o ser que alimenta
A pomba da paz.”

Décimo sétimo dia

Maria não podia se levantar da cama, pois existia excesso de atividades domésticas nos quinze dias que se passaram quando não tínhamos a nossa fiel empregada. A grande guerreira contraiu uma dor lombar devido a muito esforço e foi necessária a volta de Betânia que se solidarizava com o momento e vinha como nossa guerreira salvadora a nos apoiar. E o tempo foi passando, as opiniões estiveram a mudar, pois crescera o número de atingidos letais e dos sobreviventes marcados pelo medo. Ali, naquele lugar, eu estava a clamar pelos meus. Temeroso, eu acreditava que o pico de todo o impacto da pancada que nos atinge ainda não tinha começado. Ser poupado seria uma dádiva de Deus, pois era a sua vontade de querer ouvir meus cantos, dar-me puxões de orelha e me guiar como sempre no sentido horizontal.

À tarde, tive vontade de comer mingau e Bê o preparava com tanto carinho que pus a me desabar. É a sensibilidade de quem voltava a ser criança, a querer brincar de "pique tá" e correr com toda velocidade do "João do Pulo" a saltar os óbices para poder primeiro chegar.

Mas durante a noite, a temperatura baixa me fez agasalhar-me no cantinho da sala a assistir às reprises e à única programação inédita era a notícia do crescimento dos decessos, o que me fez ficar mais concentrado em Deus, que é como o tempo:

"O tempo

O Tempo, sempre Ele
A me ensinar, a me fazer esperar
O Tempo comanda a minha história
Escreverá o meu epílogo, o meu desfecho

O Tempo às vezes é cruel
No entanto, é a sua forma de me cuidar
Quando nada cai do céu
A me sustentar

O Tempo é Alguém
Que controla minhas fantasias
É aquele que acelera o meu pensamento
E quem me traz de volta

O Tempo é um prelúdio da vida
Que me segue a me envelhecer
A me mostrar que é seu o poder
É seu o malhete."

Décimo oitavo dia

Maria se levantou, correu para os meus braços como se nada tivesse acontecido, suas forças estiveram de volta, contudo, impus o meu exagerado senso de orgulho a proibi-la de trabalhar. Ela precisava de repouso e amor.

O café da manhã estava pousado sobre a mesa pronto para ser consumido a lembrar do nosso primeiro desjejum. Eu reconhecia o valor de seu empenho e a paparicava com o meu afago, porém, o almoço ela fazia questão de preparar. Ela estava a aprontar o delicioso filé de frango à parmegiana com sua receita mágica. Uma limonada suíça criada por mim decretava a nossa parceria culinária a nos unir mais ainda na luta contra o torpe inimigo.

— Hoje é dia de cantar para os males espantar. Foi a mensagem de Maria, dona de uma voz aguçada, por meio de uma grande canção de amor que outrora eu fiz para ela:

"*Árvore Cor de Rosa*

O vento sopra ao te vislumbrar
A balançar o tronco
Da mais linda árvore
Pra te contemplar

Sob a sapucaia solitária
A receber
O aroma destilado de você
Te desencantar

Flores com cores rosas sobre a rosa
É a natureza a te banhar
Após vê-la alardear
Sua formosa corpulência

A secar a olência
Que enfeitiça o ar."

E outros e outros cantos ela estava a descarregar para adentrar nos caracóis de meus ouvidos. Houve os atemporais versos de amor que dizia:

"Escrevi tantos poemas para Alice, o que falava daquelas cenas de cinema, o da andorinha só da morena e o da acrobata sereia. Risquei nas areias de Paraty várias estrofes da natureza como a que o monte se esconde para o céu expor a beleza de Alice. Cantei versos de choro como o que o aconchego é um bar à beira do rio e um lugar onde ela me faz chamego. 'Por toda vida haverá poesia, todavia, se um dia o meu mundo acabar, permanecerá a minha grafia nos bares ou na beira do mar'".

No findar da noite, eu fiquei aliviado, pois havia ignorado os noticiários a separar o dia para ouvir o cantar e os passos de Maria. Dormia a escutar uma orquestra sinfônica a acompanhar outro sonido que também me seduzia, mas, ao longe, a voz romântica de Sarah Vaughan.

Décimo nono dia

"O Socialismo é uma doutrina que defende, sobretudo, a igualdade de todos", para o nosso país, este pensamento é uma utopia, assim como a sua gradação, o comunismo. Uma postagem de um menino a dizer que toda esta ação de solidariedade e comprometimento em salvar o povo economicamente nos aproximava do socialismo, como se este fosse o pior dos terrores, mostrava o desconhecimento da história do nosso país. Dessa forma, então, o país capitalista mais afortunado do mundo estaria também a caminhar para mesma direção, pois seu comandante estivera a gastar trilhões com a sua população. São palavras, as do segundo filho, jogadas fora neste mundo dos vilões que, para mutilar as pessoas, basta uma coroa sobre a cabeça e seguidores de "Sua Alteza" a poli-la constantemente no altar da vileza. Há rastros de maldades no caminho, o exército da mentira a ignorar as verdades e a estimular a ira. Os homens estão a se contender numa zona indefesa, onde o mal esmaga o bem como uma anaconda a sua presa.

A guerra é do diabo latente, não haverá malfeitores intactos, existirá sempre a boca da serpente. Os que defendiam os arrogantes seres do comando não tinham ideia dos apuros que poderiam acontecer ao persistirem no engano de estender o tapete vermelho para o vírus passar. Seus próprios entes talvez fizessem parte da estatística dos milhões de eivados.

Os que ouviram a voz do conhecimento teriam uma maior chance de serem resilientes, a confiar na volta por cima do homem de bem que veria a vida como o poeta pescador na passagem do ano novo:

"O Recomeço

Há pegadas de aves famintas
Na areia do cais
É manhã do dia derradeiro
E as sobreponho sem medo

A trilha acaba e não posso voar
E sinto em meus pés a massagem do mar
É ele me convidando a entrar
Para ouvir a sinfonia dos frutos

Um pedaço de terra
Cercado por todos os lados
Aguarda a hora para explodir
Emoções em Paraty

Na metade da noite os raios colorem o céu
Seus estampidos assustam a fauna
E os mudos do champanhe adoçam os beijos
E o velho se foi

E o novo surge com lindo nascer do sol
As aves se fartam na praia
Os peixes ressurgem do fundo
É o meu recomeço."

Parte superior do formulário

Vigésimo dia

As aglomerações enriqueceram os que estão seguros e que fecham os olhos para a pobreza. Os estádios cheios e as arenas de shows patrocinados pelo povo apatacaram os bolsos dos ilhados. Entretanto, nesse tempo de quarentena, o pobre ajuda o pobre a tentar se salvar a doar tempo e nutrimento.

Eu pintaria um quadro no estilo totalmente barroco a retratar assimetricamente o gueto de minha cidade, os imunes moradores de rua a receber a quentinha das mãos caridosas. Todavia, não mancharia as minhas mãos a reproduzir numa tela clássica a simetria de Giocondas.

Eu poderia parafrasear o grande poeta do Brasil colônia, Gregório de Matos, que possuía a alcunha de Boca do Inferno a dizer:

"Soneto Caíba

Neste mundo é mais rico, o que mais assalta:
Quem mais limpo se faz, é o que mais defeca:
Com sua língua ao nobre o pobre seca:
O velhaco maior sempre tem fachada.

Mostra o patife da nobreza a carta:
Quem tem mão de agarrar, ligeiro peca;
Quem menos falar pode, mais seca:
Quem dinheiro tiver, pode ser Magnata.

A flor baixa se inculca por caíba;
Bengala hoje na mão, ontem plaina de peroba:
Mais isento se mostra, o que mais cuba.
Para a tropa do trapo vazio a riba,

E mais não digo, porque a Musa aboba
Em aba, eba, iba, oba, uba."

Chegou o momento de deslembrar dessas coisas e voltar à outra realidade, o meu bem-estar com os meus naquele lugar era muito precioso e, de repente, Asaph chutou a bola em minha direção e pus-me a fazer embaixadinhas a tentar colocar a pelota sob o domínio de minhas costas. Este domínio a gente não esquece, é preciso dominá-la primeiro como uma égua selvagem para depois conduzi-la. Essas coisas ajudam a espairecer, pois a guerra ainda não tinha acabado e a ansiedade deveria estar sob controle. Alguns amigos comentaram uma postagem que eu havia publicado e me senti lisonjeado a pedir a Deus, para que depois que a tormenta passasse, dez minutos apenas:

"Dez minutos

Dez Minutos é o tempo que peço
Para disputar uma partida
com direito ao trio em a um estádio do Rio

Para ouvir primeiro:
— Cara ou coroa
— O campo ou a bola
Consultar o meu goleiro

E ao soar do apito quando a pelota rolar
com minhas pernas morgadas saber trotar

Uma chance pra tê-la
Dominá-la no peito
saber protegê-la e entregá-la ao meu DNA

Mesmo que não a dome
uma coisa eu sei
darei um corta-luz como a jogada do Rei

E lá do céu ouvirei os aplausos
dos meus amigos boleiros, inclusive os de
um goleiro."

Vigésimo primeiro dia

Havia mais um domingo de sol e o mar sofria com a ausência dos banhistas que o invadem a querer receber suas ondas e como se fosse uma rebeldia, ele ressacava. O calor dos subúrbios seduzia os bares clandestinos a convidar os que não acreditaram que o risco era enorme.

Um pedaço do sangue iria nos salvar, seria uma boa notícia, contudo, dependeria de algumas confirmações. Mais uma vez se afirmaria que não pode haver distinção de cor e posição social dos seres humanos nesse fato social. Os restaurados indivíduos teriam em seus plasmas os anticorpos que sustentariam o tempo necessário para sobrevivência e isso aumentava o meu otimismo. O pobre salvaria o rico, o preto salvaria o branco, o empregado salvaria o patrão, a tiete salvaria o ídolo, o paciente salvaria o médico, o filho salvaria o pai, e surgiriam mais inúmeros paradoxos deste cenário de guerra contra o temível invasor de corpos.

Durante um pronunciamento na tela, foi triste ouvir de uma autoridade que seria um caso a pensar sobre a possibilidade de liberar a quarentena de duas cidades que não apresentaram problemas, o que estava a indicar que se contradizia a ideia de que algumas pessoas eram assintomáticas e isto era a grande arma do inimigo. No entanto, existia uma esperança e devíamos nos unir cada vez mais e, infelizmente, teríamos que nos escrutar, pois o mais potente dos capitalistas poderia estar a desviar alguns insumos da guerra.

Apesar de sermos em maioria homens de bem, há os que desejam o mal a pensar somente em si, a não saber dividir, é o surto da maldade:

"Surto da maldade

Homem demente no mar de rosas
A premeditar a morte
Por motivo torpe,
Mata os sonhos e se mata

Se condenado à escuridão
À custa de um pecado capital
O homem escolhe a sua sorte
A morte sem perdão

Não há valor nesta vida
Nem na volta, nem na ida
O surto é curto como o tiro
E longo como uma machadada

Que mundo cruel! Esse,
Talvez seja cá o fogaréu
Mas há a certeza de que lá
Haverá crianças a brincar no céu."

Vigésimo segundo dia

Eram necessários uns exercícios para que minhas articulações se fortalecessem e dei partida a uma pequena caminhada em volta da casa. O muro à direita amarelo canário que separava outro personagem da história dos vovôs era manchado de cinza por causa das chuvas que corriam sobre as cumeeiras. Asaph me fazia companhia, todavia, não perdia a mania de liderar a prova e partia com sua marcha atlética a dois metros de distância do velho jogador de pernas cansadas que mantivera o seu ritmo:

— Vovô Pico, olha, olha um amor.

Ele avistou o desenho assimétrico de um coração desenhado na parede de sua destra pelos pingos d'água da natureza. Era a imagem de um coração e o sapeca dizia na volta seguinte, ao encostar seu dedinho indicador na figura a dividindo simetricamente em duas partes verticais:

— Olha, olha, vovô Pico, esse é você e esse sou eu.

Não tinha como não segurar as lágrimas, minhas pernas tremeram de emoção, mas como um grande guerreiro a sustentei e dei continuidade à andada.

Esgotado, meu netinho desistiu temporariamente:

— Vovô Pico, não vou mais fazer o percurso.

Eu admirava o seu vocabulário e suas concordâncias e o via entrar na cozinha de Alice a querer um copo d'água. Passaram-se alguns minutos e novamente entrou na minha frente aquele pequenino atleta a marchar e, antes que completasse o "percurso", ele disse:

— Vovô Pico, eu vou pra sombra.

Logo em seguida, houve uma ruptura do nosso momento. As coisas não iam muito bem do lado de fora, a teimosia era visível no trânsito de pessoas a circular pelo centro da cidade enquanto outra guerra acontecia nos bastidores do planalto. Ameaças eram feitas publicamente em oposição a mãos que poderiam ser dadas em prol da causa.

Outra rompedora do meu movimento fizera Maria à tarde. A patroa me incumbia de fazer uma limpeza na caixa de gordura e o meu fiel colaborador observava a minha destreza ao retirar o chorume sem lambuzar-me. Ele me acompanhava até o portão e pela primeira vez eu teria que enfrentar o inimigo, mas cheio de astúcia esperei a rua completamente deserta para percorrer apenas cinquenta metros para jogar a água negra no lugar descampado e parti ao ouvir uma voz aguda a dizer:

— Vovô Pico, cuidado com os carros quando atravessar a rua, vovô.

Mais uma vez eu tremi na base e segui em frente. Ao retornar com o balde vazio, outro grito de guerra:

— Vovô Pico, corre, corre, você consegue.

Pus-me a arrancar em disparada ao seu encontro, enquanto o seu rostinho diante da fresta do portão fizera uma festa com a minha chegada.

"Tu, amor

És como uma rosa que é suave
E ao ser fragmentada, maltratada
Suas pétalas ao ar
O vento trata de separar para sempre

És como uma criança que é pura
E ao ser machucada, fustigada,
Sua inspiração ao ar
O tempo trata de apagar para sempre."

Vigésimo terceiro dia

A burguesia de uma cidade bela e praiana da região dos lagos insistia em quebrar as regras a pressionar o seu governo a afrouxar. O monstro estava solto a andar pela comunidade sorrateiramente a procurava uma brecha para encontrar a primeira vítima e quem sabe já a teria achado e infiltrado, tomava a posse de seu corpo por duas semanas. Eu não conseguia entender o porquê de ser necessário o primeiro caso para depois apertar. Não teria lógica deixar acontecer o primeiro crime para depois tomar as precauções. Isso me deixava triste, a saber que o capital mais uma vez superava a vida e poucos se sacrificariam por ela. Poderia haver um pacto de toda humanidade para que ninguém passasse fome, ao seu lado sempre haveria alguém a socorrê-lo, pois o mundo estaria parado, não teria como ostentar a fazer compras, ir aos restaurantes, frequentar eventos internacionais, viajar para o longe, passear de carro novo e muitos e muitos mais. Todos seriam iguais pelo menos durante a guerra, todos se postariam diante de sua fé, e acabaria de vez a religiosidade e o etnocentrismo. Mas seria utopia querer que o homem abandonasse a sua busca diária pelo prazer e a satisfação do seu ego.

A ajuda econômica para o povo felizmente havia saído do papel e Raisa poderia se cadastrar no programa para recebê-la. A menina guerreira que tanto me orgulhara não tivera mais a chance de vender suas quentinhas na praia. Estivera em isolamento social a ser suportada pelo poeta que todas as manhãs ouvia sua voz:

— Pai, te amo.

Esse momento de alegria elevara o meu astral e cortara um pouco o anseio.

Entretanto, eu não poderia deixar de acompanhar a evolução da guerra e ficara feliz por saber que na Cidade do Samba, tão criticada pelos etnocentristas, heroínas fabricaram diariamente cerca de quatrocentas máscaras e capas para os hospitais. Essa gente humilde encarava o vírus da mesma forma que enfrentava a vida, a levantar todos os dias de madrugada e com a lata d'água na cabeça inicia a labuta para que uma vez por ano se possa desfilar na avenida a alegria de viver. Tantos eram os momentos de amparo, mas para aqueles que insistiram em ironizar as medidas do governo a criticar o distanciamento, eu sugeriria um grande baile à fantasia:

"O clube dos corruptos

O Clube dos corruptos que se acham cultos
É composto por atores indiscretos
Que jogam o bilhar a valer
A celebrar o indigesto gesto de mais se obter

Há sócios beneméritos a se banhar,
A beber destilados coquetéis à beira da piscina
Que armazena patacas de notas lídimas
E a dar gargalhadas das vítimas

A gala do salão é iluminada pelos lustres
de cristais
As faces dos ímprobos se refletem nos vitrais
A formar uma combinação de
fantasmas a dançar
É o baile à fantasia promovido pela burguesia

Entretanto, a porta é estreita..."

Vigésimo quarto dia

A chuva forte que caía sobre as telhas de minha sacada me despertava e mais confinado eu ficava. Seria impossível evitar os meios de comunicação que apresentavam dados assustadores e exibiram a pancadaria política dos infelizes.

No vigésimo quarto dia da quarentena, o país apresentara dezessete mil cidadãos infectados e quatrocentos óbitos. Conquanto, os políticos começaram a influenciar a população de que se poderiam abrir os portões, esquecendo que o invasor não utilizava um aríete medieval e, ao mesmo tempo, eu testemunhava alguns casos próximos da nossa casa.

Na tela, havia a visão dos bares lotados e futebol, uma imagem deliciosa para o "Multiplexador de Gotículas" que agradecia a cegueira dos que viam apenas a si sem saberem o mal que estariam a fazer para a comunidade.

A cada tento marcado, os abraços apertados dos falsos atletas e os discursos empolgados dos comentaristas de plantão facilitaram a ação do penetra. Não precisava ser cientista para perceber que algo muito ruim estava para acontecer, pois a nossa estrutura era limitada e os mais atingidos seriam as criaturas desorientadas pela própria sociedade que os levou a formar uma cultura organizacional muito difícil de ser modificada.

Veio a saudade do tempo de outrora, uma época que se ouvia a "estória" da guerra como se fosse uma mentira.

"Havia preás no tempo da areia lavada que o Velho retirava do rio de águas acinzentadas que impediam a nossa travessia à margem da grama do modo que se afundava a cada dia".

O Velho brigava com o rio no quotidiano e somente o tempo conseguia a trégua a enviar a chuva e a noite para cessar. As mãos que arrastaram a pá de grãos era o pão de cada dia a ser retirado para alimentar um punhado de crias que vivia no barraco ao lado enfincado no barro do topo do morro. E o bairro se expandia à custa do Velho. As casas eram erguidas pela riqueza da arte e a areia garimpada pela força dos braços ficava seca pelo coração da natureza.

Vigésimo quinto dia

O presidente da república, via broadcasting, invadia a minha casa e pronunciava na noite anterior a liberação de um medicamento que seria a grande arma contra o estrago feito pelo invasor, mas eu resolvi aguardar o resultado. Havia a possibilidade de cura, como também os efeitos colaterais que suspenderiam o processo. Enquanto isso, o enfrentamento continuava entre a mídia e o governo. O assunto era a liberação do remédio não eficaz que foi consumido sem controle, contrariando os especialistas da saúde que defenderam inicialmente a utilização somente para o grupo prescrito.

A cloroquina fora a temática das rodas de debates dos acusadores e defensores, enquanto que o invisível invasor se divertia a se alastrar e a desafiar a droga. Houve muita cautela, parcimônia, por conta dos responsáveis pelo bem estar físico do povo brasileiro. Os medicamentos promissores demorariam a ter a comprovação de sua eficácia, filtrar as pessoas que realmente lhe necessitavam seria o mais correto, entretanto, os ladrões de vida correram na frente a acabar com o estoque a se arriscar ter uma bomba instalada no tórax, na garganta ou no pescoço.

Ouvira uma voz que dissera: "Os médicos estariam pressupondo aquilo que deveriam demonstrar".

Paralelamente, havia um plano de socorro financeiro aos Estados a ser discutido num canto do palácio, onde os mentirosos especularam os valores na casa dos bilhões. Uma dívida a ser muito cara, uma sinuca de bico enorme que para se sair dela seria necessário uma mão destra. Nascera mais um filhote da oportunidade, a galinha dos ovos de ouro. Ao lado, o mandatário poderia estar sendo aconselhado pelo seu guru que de longe, muito longe, estava a bombardear a Saúde.

“O *guru*

Guru, o que aconselha
Estimula a mula
No abaixar de sua sobrancelha
A escrever a bula

As ideias absurdas pra que servem?
Há contraindicações
Como usar?
Há precauções

Haverá reações adversas
E uma superdosagem
Numa overdose de persuasão
Ativará a desdemocratização

Desmazelo do guru sem turbantes
Que numa aventura de percurso
Coleciona rifles bastantes
Que abatem os ursos.”

Vigésimo sexto dia

Até o mar fazia seu papel a nos defender, jogava fortemente suas ondas sobres os teimosos da calçada naquela manhã de resultados assustadores. Estava bem claro que no vigésimo sexto dia o salva-vidas se chamava "Isolamento Social", todavia, a nossa despensa estava vazia e Maria e Aline se aventuraram em ir para um hipermercado fazer compras. Totalmente equipadas de seus armamentos contra o antagonista, elas se caracterizaram totalmente opostas ao seu normal cotidiano. Trocaram suas unhas pintadas, seus chemises e saltos por luvas, calças compridas, blusas cacharréu e botas de couro e tiveram que cobrir seus rostos com máscaras de panos estampados e óculos, a liberar somente os seus cabelos.

Ao chegarem ao grande estabelecimento, tiveram dificuldade para estacionar, o que as fez imaginarem o quanto estaria aglomerado ao redor das gôndolas que ofereciam produtos de atacadão a preços flexíveis.

As pessoas trafegaram com seus carrinhos entre os paleteiros que abasteceram as estantes e um espirro gritante de repente assustava os compradores que se jogavam no piso acinzentado do mercado, como se fosse um tiro de uma bala perdida.

Alice observara o espanto dos consumidores que obedeceram às normas técnicas da Organização Mundial da Saúde ao irem de encontro na pequena aglomeração no caixa, que distorceram de seus trajes a utilizar o mínimo de roupa com seus membros e rostos descobertos, lugar perfeito para o vírus se alojar.

Em casa, eu me cuidava, porém, estava preocupado com os excessos de gotículas daquele mercado de peixes que um vídeo me mostrava e o associava à origem do mal.

Enfim, chegava a dupla dinâmica a ordenar que fosse retirado os produtos da mala do automóvel e corria para o banho imediatamente, pois existia na entrada do banheiro dois sacos plástico a esperar as suas vestes. Asaph não entendia nada e se jogava no meio do box a regar a mulherada, sua avó e sua mãe, com a mangueira do chuveiro a gritar de felicidade. Eu a cada viagem ouvia a algazarra dos três e refletira que o dia fora maravilhoso para eles. Elas, pelo pouco de liberdade e ele pela ventura de vê-las novamente. Era preciso aproveitar cada instante daquele hoje:

"E se não houver o amanhã?

Não apresses o amanhã
Viva o hoje tão descomedidamente
Para que o ontem deixe saudades
Da quantidade de prazer

Tolere os alaridos da madrugada
Para que o som do começar do dia
Seja o de uma sinfonia de amor
A vir dos bichos de seda

Não retenha o suor da vontade
Conceda seus braços
Desabroche as flores
Com o calor de seus abraços

Viva com veemência a cada instante..."

Vigésimo sétimo dia

O sábado era santo para a maioria dos brasileiros que não conheceram o motivo da tristeza de há mais de dois mil anos, o mesmo sentimento que dominava o mundo atual. No passado ninguém sabia do milagre do dia seguinte, contudo, o décimo segundo dia de abril, um domingo, não seria como aquele dia de festa. Não aconteceria o milagre da vitória, pois o próprio homem contemporâneo cheio de conhecimento era o responsável pela maldição.

O amanhã era previsível pela lei da progressão matemática e a única arma além da fé seria a disciplina. Uma caça aos ovos era mais uma fraqueza das vítimas do consumismo e o cenário era de corridas em busca do ouro, o cacau. Era capital o pecado da gulodice pelo chocolate, um produto tão supérfluo na guerra que deixaria os nossos organismos vulneráveis ao vírus, segundo os especialistas, pois o confinamento nos impedia de queimar as calorias causadas pelo rei das guloseimas.

Eu tinha assistido na sexta-feira da paixão ao quebrar das regras de um homem cristão que limpava o nariz com uma de suas nuas mãos e em seguida apertava a de uma pobre simpatizante idosa que estava a flutuar no espaço lotado. Os homens, canhotos e destros, insistiram em desprezar a ameaça a seguir o exemplo do soberano que a cada dia fugia da realidade a utilizar no seu dia a dia, figuras de pensamento. O rei e outros reis foram de encontro aos seus apoiadores com a leveza de um ídolo a ser carregado nos braços pela multidão, enquanto até os caçadores de Judas respeitaram a quarentena a deixar os postes lisos e os porretes escondidos. Todavia, eu tinha a esperança de que um dia tudo iria passar:

"Reis

Eu vejo um rebanho a aguardar
O rei da floresta de fragas
Que irá rugir ao amanhecer
Para marcar agressivamente sua plaga

E quando anoitecer
Haverá outros leões novos,
Jubados,
Que irão se opuser ao reinado

É a guerra desses animais
Vence o que alto berra
E o que acorda
A marcar território em nossas terras

Todavia, o dia há de chegar
Eles destruir-se-ão
E um novo rei surgirá
Manso e de bom coração."

Vigésimo oitavo dia

Eu estava a fazer a minha parte a não me sentir culposo, o dia amanhecia com as flores abertas a anunciar o domingo de Páscoa, dia em que todos os crentes e ateus se abraçam na esperança de novos dias, mas que uma grande pandemia impedia o calor humano que estivera a ser substituído literalmente pelos pedidos de orações.

No dia da fuga de uma poderosa dupla, há dois dias, o coelho passava voando raso sob os galhos do nosso jardim a deixar um ovo enorme escondido entre a cheflera verde e amarela que o camuflava naquele momento de guerra. E quando Asaph o descobriu, eu compreendia o arriscar daquelas pessoas a enfrentar o local proibido, tal eram os gritos seus de alegria. E pela primeira vez eu não enchia um saco de ovos de chocolates e bombons sortidos para entregar aos meus. Duda não via a minha chegada e o mundo virtual não fora capaz substituir aquele abraço tão carinhoso que minha neta sempre recebia há nove preciosos anos. Ela entendia que depois que o bicho papão fosse embora, eu a encheria de brinquedos, faria todos os seus desejos e aumentaria a frequência do matar da saudade.

Eu me programava otimista e, após a grande tomada, eu correria nas areias da praia a mergulhar nas ondas a deixá-las me devolver encaixotado, eu jogaria futebol com os amigos do meu bairro antigo a disputar o campeonato sub-sessenta, o qual fora convidado, eu comeria a picanha assada do Bola e o pernil temperado do Nando, eu pescaria na lancha do João, mais um irmãozinho de coração, eu almoçaria com alguns dos meus leitores a presenteá-los com a minha coletânea, eu pediria perdão a quem deixei mágoas em seu coração, eu dobraria os cuidados às crianças da escola, eu tomaria menos Coca-Cola, eu escutaria os conselhos de Maria, eu reveria todos os meus amigos do científico, eu escreveria mais poesias, eu respeitaria o semáforo durante o dia, eu economizaria a água do quintal, eu veria o mundo diferente, eu recapitularia meus pensamentos, eu conversaria com Deus e diria:

“Preciso de ti

Distante de ti, Senhor
Atribulado e ofegante eu estou
Buscando a ti novamente
Sem ser um merecedor

Lamento pelos meus delitos
Pelos ditos e não ditos
Pelas contendas criadas por mim
E pelas coisas que não acredito

O teu amor é tão grande
Que sei que já me perdoou
Pois tu és indulgente
E conhece o verdadeiro amor

Não deixes que eu me desprenda
Da tua preciosa palavra
Para que um dia eu compreenda
Tudo aquilo que me falas

Somente a tua piedade é capaz
De aceitar o homem esgotado
E a cada dia que passar
Quero estar sempre ao teu lado

O teu amor é tão grande
Que sei que já me perdoou
Pois tu és indulgente
E conhece o verdadeiro amor.”

Vigésimo nono dia

"Alguns homens nasceram acorrentados e vivem desde então postados diante de um paredão a ver somente suas sombras. Não conseguem enxergar nada além dos seus limitados conhecimentos, a penumbra e seus movimentos. Os que conseguem desatar-se das correntes veem o mundo diferente e quando tentam socorrer os apegados, são chamados de loucos". Essa reflexão que eu criava em alusão a um pedacinho de uma grandiosa obra filosófica da antiguidade mostrava o comportamento casmurro dos indivíduos que se esconderam na caverna, mas viviam a criticar o isolamento. Os que tinham coragem de descumprir as regras eram os mais perigosos, pois cometeriam um delito culposo pelo simples idealismo de seguir os que não sacrificariam suas finanças.

A perda financeira seria passageira e a fome nunca iria alcançar a classe exploradora que jogava contra a paralização a priorizar o seu capital a esquecer de que o dinheiro não compra suas próprias vidas. O individual estava a ser muito relevante para o coletivo na peleja a formar um paradoxo não recíproco, pois se um cumprisse o regulamento, muitos ganhariam, entretanto, se muitos desobedecessem às normas, um não seria protegido e, em modo exponencial, vários perderiam.

Uma das armas do inimigo era a retirada de algumas das sensações dos cidadãos e para vencê-lo era necessária a união. Uma unidade seria transformar o todo em um para que se pudesse desviar dos tiros a esmo.

Uma dubiez na análise da guerra era outra vantagem do inimigo, de forma que o general de um ponto estratégico avistava o bando oponente ir embora e os seus oficiais o via camuflado. Nesse momento, a área gigante era cercada e ainda não se sabia quem venceria o confronto.

“Arbitrariedade

Nos becos do território negro
Nas vielas das comunidades
Não obstante haja arrego
Tiros haverá à vontade

É a ordem do déspota
Que senta no trono
E do céu está a definir a rota
A ferir os Direitos Humanos

São mortes divulgadas por dia
Uma contagem errada
Há as dos passageiros da agonia
E das promessas mutiladas

O que esperar do iletrado?
Que decora os estatutos
Que jura cumprir a lei do Estado
Que se diz absoluto.”

Trigésimo dia

A fazer trinta dias de isolamento a ver no céu um pássaro negro voar sobre a lua, eu vi o retrato da ilusão daquela que comanda o mar e as minhas emoções. O artista não pôde pintar os seres da terra, somente os que se passam no ar como as nuvens, os pássaros, o sol, as estrelas e a lua.

Os aviões não trafegaram sobre as quebradas, as pipas não bailaram mais, os balões não se rebelaram e os homens não voavam do monte.

Voltara-se à idade da pedra no espaço. No lugar das aves gigantes que em tempos passados assustaram a humanidade, havia os abutres que aguardavam os corpos. A fotografia estivera a ser mais bela a contradizer o que se retratava do alto pelas aves de rapina, que com suas extraordinárias visões apuradas viram a terra a ser mutilada. Os verdadeiros donos de nossa terra não puderam voar para escapar do massacre de outro invasor e os que sobreviveram viveram isolados na mata com a proteção dos seus seres espirituais. Houve um nativo que desistira da caça e quisera conhecer o mundo virtual e consumir vestimentas, contudo, fora contaminado pelo preconceito que o pôs na linha de frente a tomar uma flechada no peito a morrer sem o direito de ter o ritual da cremação.

As ervas da mata foram poupadas e ainda existiam os animais que sustentavam o povo e, hoje, o homem branco que tanto desprezava o indígena iria nu ao encontro do lugar onde nem o inimigo invisível queria penetrar.

Um menino índio sonhava que voava sobre a grande porção de terra de propriedade de seus ancestrais:

"O sonho do menino Brasil

Um mundo de fantasia onde do céu nas
asas de jaçanã
O curumim ouviu a profecia
Que haveria um lugar plano e alto
Onde os homens do planalto não desejavam
saber do saber

E um pássaro mostrou ao curumim depois do
seu voo rasante
Sobre um pampa gigante
Iluminado pelas estrelas
Uma festa de colarinhos brancos

Que infesta o orgulho da nação
Revelou os segredos de Brasília, a terceira capital
Que deveria ser protegida pela invasão
Mas o que se viu foi o doente fato social

O candango construiu o berço da corrupção
E longe dos sonhos dos cabeças amarelas
A jacana pairava sobre a solidão do agreste,
A região do nordeste longe do centro-oeste,

E via a vida seca e a dor a chamar a chuva pra
banhar o sertão
Enquanto o negro no Quilombo dos Palmares
estava a aclamar a sua libertação
É uma utopia o meu Brasil como no
tempo de menino
Sem serras na mata e sem sinos de ouro

A mamata era farta na mãe natureza, pois havia
dos rios a potável pureza azul de anil
Que banhava as vergonhas e matava a sede do
gigante chamado Brasil."

Trigésimo primeiro dia

Acordei e estive a pensar somente em números. Como explicar para algumas pessoas que aquilo que estivera a nos aniquilar era tão pujante? Um prepotente líder fora atingido e estava aparentemente fora de perigo. O inimigo astuciosamente tentava atingir fatalmente o palácio para desestabilizar um processo que razoavelmente era de acordo com as normas de saúde. O sarcasmo e a desdenha dos Bocas do Inferno era impiedoso, mesmo os que não tiveram o privilégio de um bom plano de saúde lançaram nas redes sociais ataques de ironias e continuaram escondidos em suas malocas sem a coragem de encarar um adversário "tão frágil" e possuíram um arsenal de metralhadoras que disparavam projéteis virtuais aleatoriamente nos irmãos da própria comunidade que discordaram que a vida era prioridade.

Há exatamente um mês eu chorava diante do nada a dizer que havia duzentos e trinta casos de infectados no Brasil enquanto que na China eram três mil e duzentos e dezessete mortos. Uma pequena sociedade alheia não acreditava que em tão pouco tempo o número subiria em nosso país para mil e trezentas mortes e vinte cinco mil casos, o que desbancaria a matemática dos que afirmaram que a dengue matara muito mais brasileiros, discurso dos que menosprezam o homicida. Somente em um mês tinha mais morte de covid-19 que o ano anterior inteiro de dengue e o fato era que o crescimento da tragédia era exponencial e ligeiro a ser uma conta previsível.

Eu nunca soube que em surtos da doença febril aguda houvesse tantas mortes de profissionais da saúde como nessa batalha, o que me fez entender que a moléstia danada era atrevida. Existia o medo de dois colapsos, o primeiro aconteceria caso não houvesse a inteligência dos superiores a manter o isolamento que atrasaria o avanço da praga, o que daria tempo de preparar os leitos dos golpeados e o segundo estaria consumado, porém, a economia era um assunto primado.

Assustava-me muito com as valas de Nova York, os caixões nas igrejas de Lombardia, os cadáveres mascarados da Irlanda, a não purificação dos mortos do Irã, o funeral realizado na Espanha e os descomedidos do Brasil.

> "Pela fresta sinto o amargo
> De assistir ao alvoroço
> A algazarra dos moços
> Que circulam pelo ar."

Trigésimo segundo dia

Havia uma mesa redonda onde existira uma resenha sobre as substituições nos escretes da saúde. Os palpites da queda eram os mesmos, porém, quem deveria substituir o camisa dez azul de passe muito valorizado era motivo de apostas e o número de permutas era à vontade naquele jogo de bola ou búlica.

A performance dos comandados não era boa, pois o adversário estivera a sair na frente e a virada dependeria de muito malabarismo e sabedoria por parte dos nossos guerreiros. Atacar e defender em grupo seriam uma das táticas defendidas por alguns cronistas, marcar por zona era alternativa pouco aprovada e o jogo aberto e clássico diante de um rival reforçado era suicídio para os que queriam a manutenção da tabela, porém, para os fanáticos seria o tudo ou nada.

As análises dos comentaristas eram feitas em três partes: a ideia de grupo fora mais aceita e mesmo com a permuta do líder da equipe e seu auxiliar, acreditava-se na pegada forte no cangote do opositor sem deixá-lo criar formas de furar o bloqueio. Ao atacar, a precisão dos atacantes seria fundamental pela forma que eles apresentavam nos aprontos de véspera. Este era um método muito inteligente como o de outros modestos competidores; a marcação em pedaços do campo abriria espaço para o artilheiro ambidestro que vinha bufando a penetrar na grande área a atropelar os defensores atordoados que em linha postavam-se a tentar o impedimento; o jogo aberto era ordem do cartola que nunca dera um pontapé na pelota e a sua atitude deixaria sua equipe vulnerável a sofrer uma inesquecível goleada como aquele massacre dos alemães no estádio lotado. Além de palpitar, ele criava uma rivalidade entre um grupo de torcedores que só teria a perder, porque o intuito da vitória parecia esquecido, pois o que importava para o magnata era a renda da guerra. A bola do jogo poderia ter gomos lisos e ser bela como aquela protagonista de parte da minha história:

“O meu sangue

Ela veio tão quente e forte em minha direção
Eu não quis evitá-la a desviar meu corpo
Enfrentei-a corajosamente colocando à frente
minha cabeça
Para evitar o tento e o grito engasgado do
cidadão que apostara

Minha seca cervical sustentou a pedrada por ora
O sangue aquecido aliviava a dor deveras
E pudera me levar a outras façanhas
dentro da arena
Para que eu pudesse mais tarde contar a
minha história

No encerrar do evento, houve lamento do
dono da farra
Que não esperava a falta dos socos nos ares de
seus matadores
Dominados pelos senhores do empenho a favor
do encanto
A se uniformizar de um manto suado de garra

E o oponente enfim estendeu a mim a sua
mão confrade
A deixar para trás toda rivalidade no
convite à resenha
E a senha era a idade dos meus cabelos brancos
E a saudade era morta vagarosamente pela
felicidade do encontro

O recordar das peripécias aprontadas pelo destino dos papas
Favorecia as gargalhadas dos que vieram depois do tetra
A ouvir nossa memória, a nossa estória
Era como se fosse a reprodução de uma fita de videocassete

E o tempo trouxe a tarde para que terminasse a minha emoção
E o sangue esfriara em meu corpo e minha cabeça estava a latejar
Era o esforço daquela jogada ao enfrentar aquele corpo envenenado
Que vinha em disparada a querer furar as mãos do meu guardião
Voltei doce aos meus e contei o júbilo e não a dor que deveras sinto."

Trigésimo terceiro dia

Eu ouvi uma voz que dizia:

— Antes da guerra, o país estava voando.

Essa frase não era coerente com as dificuldades que a minha classe passava. Lembrava que vários produtos de consumos nossos tiveram os preços elevados, mas os escravos do consumismo gastaram muito dinheiro e ajudaram a movimentar a economia a não se importar com o custo da carne, da gasolina, da luz e outros. Não importara os valores altos, o brasileiro sempre dá um jeito de degustar do churrasco, de exibir seu automóvel e não viver na escuridão.

Um pássaro não poderia ter levantado voo se há anos sua asas estavam quebradas, é necessário ter humildade para dizer que o processo de recuperação é de longo prazo.

Outras frases jogadas fora me fizeram comparar os lugares proibidos com cenas de um crime onde o homem não tem o direito de ir e vir, pois pessoas não essenciais nunca devem ser permitidas no local e um nome composto com seu adjunto, estado de sítio, envergonhava-me. O direito de locomoção é de todos no tempo de paz quando se pode frequentar shopping, almoçar com amigos, assistir aos jogos de futebol, pular carnaval, disputar maratonas, e tantas idas e vindas. Todavia, era um momento de guerra que não se podia se exibir, pois o efeito da teimosia poderia ser fatal e muitos preferiam arriscar suas próprias vidas a caminhar entre as evidências.

A metáfora do divórcio consensual me mostrava o sentido conotativo da mensagem do chefe que executava o rabiscar da caneta politicamente a criar a ruptura do processo que iniciava de forma conforme.

Enquanto se perderia tempo em conhecer o inimigo para descobrir a sua fraqueza, o mundo já o conhecia de fio a pavio e ele estava a se fortalecer, pois a nossa fragilidade estava cada vez mais explícita. Uma coisa que antes do confronto passava pela cabeça do novo comandante do socorro era a frieza da escolha da vida e eu não acreditava que em nenhum momento deveria haver algo tão abstrato capaz de substituir a perda financeira a formar mais um triste paradoxo.

Em tempos remotos quando a guerra era de travesseiros, eu jamais imaginara perder meus direitos e ouvir um chefe do Estado dizer:

"Abrir a guarda é um risco que eu corro: se agravar vai cair no meu colo".

"Cidade sitiada

Outrora havia retângulos de relva
Onde uma esfera a passear
Pelos pés das feras
Era uma rainha da selva

Ouvia-se o som do apito
E da pelota, o grito
Não se sentia a fobia
Percebia-se a calmaria

Havia "Perdidos no Espaço"
Uma lua de queijo
O namorar sem o beijo
E o maço de cigarros

Hodiernamente, eu vejo:
Os tetos sem gramas
O cortejo à grana
E o sitiar em decreto."

Trigésimo quarto dia

O sábado que poderia ser de futebol colorido pelo sol fora adiado mais uma vez. Eu ficava encarcerado em prol da segurança minha e dos meus. A galera não teria a chance de ver as minhas pernas cansadas que pensam e falham, que tentam jogadas inacabadas, que recebem as críticas da garotada e que se reestabelecem com uma simples batida de palmas e em todo tempo da peleja, espera a única oportunidade de criar qualquer que seja o meu momento de genialidade e ao receber a majestosa pelota açucarada por outro gênio, o lance que mais importa é a certeza de um prêmio depois do preciso passe de primeira, do lançamento de trivela e do belo chute de chaleira, o gol feito pra ela.

Era dia de esquecer os estrondos do lado de fora a desligar a parede de diodos emissores de luz e usufruir das verdades, como o matar da saudade das imagens e maviosas vozes dos nossos. A pequena tela se tornava grande ao assistir Duda no Colo de Raísa a dizer:

— Hi! Pai.

— Hi! Vô.

O que me incomodara no passado estivera a ser a mais gostosa da malcriadez e ouvi outras frases sempre a me fazer refletir que a minha linhagem era a coisa mais notável para o meu mundo, o que me fizera entender o instinto materno dos animais.

"A tartaruga perdida na floresta de imenso céu azul e aberto, onde havia poucos troncos gigantes tinha pressa em encontrar a vida".

Essa era a mensagem que um pequenino autor mostrava nas ilustrações de seus primeiros volumes do livro da *Tartaruga Joana*. Uma voz chegava em disparada e adentrara em meu ouvido:

— Vovô Pico, quero mamá!

"Vovô e Vovó

Vô ou Vó, não importa o acento no "o"
O que vale é o amor do vovô e da vovó
Que me tira do solo
A me abraçar em seu colo

O mesmo lugar de ninar da mamãe, Vovó
Que foi roubado ainda na maternidade
Quando me apaixonei pelo seu jeito
Tão peculiar de me carregar

E a mesma forma atrapalhada do papai, Vovô
Mas que me sustenta nos seus braços fortes
A me exibir lentamente no ar
Para o "Senhor" me abençoar

E a cada momento que passo
Ao ouvir seus lentos passos
Tenho a sensação do acelerar
Das batidas do meu coração

É um pedaço da minha história
Oh! Glória
E como é bom ouvir suas estórias
Dos seus tempos de escola

É por esta razão que tento imitá-los
Até a maneira de me tocar
Pois quão bom e quão suave
Deve ser a nossa união

E a cada dia, Vovô, Vovó
Deus sela a coroa que somos para os nossos avós
E também a nossos pais, orgulhar
Segundo as palavras de um Deus só

Hi, Vovô!
Hi, Vovó!"

Trigésimo quinto dia

Estivera perdido no tempo, o dia era como um semanal qualquer, as ruas estiveram desertas próximas à minha residência e parecia que o óbvio estivera a ser vislumbrado. Arriscava dar uma caminhada em volta do quarteirão e temia pelo inimigo que poderia estar no ar por meio dos aerossóis, mas eu voltava apressadamente como um covarde vivo.

A área de trezentos metros quadrados que continha duas casas era o meu porto seguro. Eu deveria continuar a andar em volta da morada e decorar as manchas das paredes dos muros e contar os quadrados do piso de ardósia. Apesar de me sentir protegido em companhia de Maria e os seus, havia o tédio a fazer o tempo correr mais lento com recados de morte. Existia uma curva que ainda estava a subir e eu pedia a Deus que a descesse logo para poder me jogar no meio da multitude.

A origem do inimigo brutal ainda estava sendo discutida no tribunal da ganância que colocava o valioso réu solto sob fiança. Não existia provas concretas e o acusador à longa distância não abria mão da guerra política, ao mesmo tempo em que seus membros padeciam. Se havia um lançamento de um míssil biológico em direção à poderosa América, infelizmente, respingava em nós os resíduos que matam. O restante do ocidente também foi atingido impiedosamente e nada fazia cessar esta guerra fria. Nascera um monstro inespoliado que se sentia à vontade em qualquer parte do planeta a aniquilar os patriados.

O pangolim era mais um animal injustamente a ser colocado na lista dos vilões. Um dos mamíferos asiáticos mais traficados do mundo tivera suas escamas supervalorizadas depois da redução do comércio proibido de marfins no continente do acusado. O inimigo surgia da escuridão de um lugar invisível que abriga um exército de invasores prontos a atacar a sociedade do espetáculo:

“Sociedade do espetáculo

O mundo é um espetáculo
Os nossos olhos são a plateia
Diante da luz dos diodos
Os artistas, uma alcateia de lobos

Assistem-se ao escarcéu
Sentados diante da mesa
E no fundo do prato
Comida e tristeza

Não há mais sentido
tragédia sem catarse
comédia sem risos
não nascem sisos

Ao redor do haveres
Protagonistas dos azes
Seres da mesma espécie
Como canibais vorazes.”

Trigésimo sexto dia

Uma segunda-feira de ressaca causada por palavras venenosas da tarde anterior mexia com os meus batimentos cardíacos, e Maria acendia um sinal de alerta a me impedir de ouvir debates. Sobre um púlpito de aço a receber os disparos de gotículas das vuvuzelas e sob uma auréola cimentada gigante em instantes, ele defendia ironicamente com seu uniforme rubro um ato tão sicário quão o inimigo que nos atingira covardemente, enquanto ao redor havia uma multidão de vozes a gritar:

— A nossa bandeira jamais será vermelha.

Palavras de baixo calão no galope das gotas quase invisíveis eram ouvidas pela população a pedir o fechamento do lugar onde está focado a proteção da nossa Constituição e outro que fora por quase três dezenas de anos a casa do próprio presidente.

Apoiar uma manifestação antidemocrática fora uma atitude questionada e cabe a quem ainda existira investigar parlamentares para que soubesse o paradeiro do verdadeiro camuflado.

Eu debatia comigo mesmo a questionar a cultura dos homens de nossa sociedade que se tornaram volúveis a mudar facilmente de direção, como o célebre morador da casa branca brasileira que no dia seguinte do gesto de apoio aos antidemocratas que não cooperavam com o distanciamento social, mais uma vez, mudava o tom a dizer que não fecharia nada. Uma postura perigosa, contudo, diferente da atitude do déspota que havia há cinquenta anos criado um ato mutilador de sonhos.

"Aquela ditadura

Nunca mais a ditadura
As ditadas ordens eram vindas do ato
Desobedecidas pelo povo
Ceifado pela espada do planalto

Eram dias de lutas e torturas
Os discentes foram ameaçados
Mas a coragem e a bravura
Não os deixavam amordaçados

Houvera camuflados penetras nas ruas
Que escutavam as vozes dos poetas
E alcaguetavam aos generais
As ideias intelectuais

Cárceres privados abrigavam beltranos
Donos dos planos fracassados
Atormentados por soldados sicranos
Jamais foram encontrados

Com minhas libertas mãos
Escrevo hoje com abertura
A agonia dos cidadãos
E as barbáries daquela ditadura."

Trigésimo sétimo dia

No trigésimo sétimo dia da quarentena, suspenso entre as duas pilastras da varanda, eu via Maria atravessar o quintal e ir em direção a um robô que lavava nossas vestimentas. Havia alguma coisa boa no ar, eu a via tão bela sem as suas unhas pintadas. A distância do salão de beleza não a modificava, sua pele estava a receber o banho do sol da manhã e seu perfume era como se ela se alimentasse de flores.

A mecha branca do seu cabelo combinava com o grisalho dos meus. Era tão natural o seu encanto que tive a certeza que Maria Alice foi feita pelas mãos de um artesão que se inspirava numa flamboyant. Ela me olhava a retirar da bacia de roupas enxaguadas pares de nossas vestes e os pendurava lado a lado no varal. Eu me transportava para um lugar distante na Serra do Caparaó, onde havia bastante desafio. Um lugar frio que seguíamos juntos ao topo, onde podíamos admirar nossos pés descalços. Eu estivera sempre ao seu encalço devido à sua beldade e mesmo com o passar dos anos ela que determinava quando a se insinuar como uma leoa a admirar a juba do velho leão. A mulher sem maquiagem mirava as minhas cãs e eu dissera que elas cobriram o tempo, mas não o meu sorriso e o riso que soava grave, que meu andar arrastado denunciava a minha idade, porém, não me impedia de alcançá-la. Eu continuava a dizer que o meu coração fora dilatado a ter mais espaço para o amor que deixaria saudade se acaso um dia se for.

Maria se aproximara e se jogara em meu colo encharcada de sabão que formou espumas na rede a qual se convertera em banheira. Eu não vira a hora de voltar para o nosso ninho, livre dos estrondos da guerra.

"Coisa de pele

A voltar para o nosso ninho
Sob os pingos grossos no caminho
Que anuncia a tempestade
Cedo o meu corpo

E a chuva me encharca
Sem embargo, corro
Socorro a minha pressa
Pra te encontrar

E a te achar seca,
Coberta por um penhoar
Inundo o seu corpo
Que se despe a me incitar

Coisa de pele este desejo
Habituei-me com seu cheiro
Que encrua
E não há salseiro que o destrua."

Trigésimo oitavo dia

Uma confusão generalizada mostrava o país nas mãos dos egocentristas políticos que pensaram somente no poder. Em plena guerra onde havia mortes a cada dia e a quantidade de leitos não bastaria caso houvesse covardia, eles ignoraram a pandemia a maisquerer a disputa política. O deputado corrupto confesso que outrora defendia um presidente cassado declarava contenda contra um presidente letrado que apoiava um deputado investigado que atacava um presidente insensato. Uma corja de indivíduos que não sofria com a dor alheia abria sempre os portões dos fundos para os empreiteiros.

A imagem de um velho conhecido me fizera lembrar o programa "O povo na tv" que gerava temas polêmicos e satíricos. Entre um dos apresentadores existia um gordinho que utilizava de sua retórica para aumentar o seu prestígio na política a conseguir liderar um partido. O pombo correio que levava e trazia propinas para alguns políticos deixava cair sobre a imprensa o escândalo que fizera o entrevistador se colocar no lugar do entrevistado e longe das sátiras alcaguetava seus companheiros. Recordava-me também com mais surpresa o troca-troca e apoio ao seu atual inimigo mortal quando lhe aliava na busca do mais alto escalão do governo.

Tudo isso me fizera pensar nos tantos esforços que são feitos para se caçar um perigoso animal para depois soltá-lo a vê-lo novamente atacar quando temos a oportunidade de prendê-lo numa jaula ou expulsá-lo de nossas terras.

Ressuscitava-se o aposentado que pleiteava voltar à festa quando o inimigo infestava a impedir rituais dos mortos.

"O povo aquiesce com a situação a ter a memória como a imediata dos cães que esquecem em tão pouco tempo os eventos específicos".

"Cabedal

Larápios empossados na tribuna
Assentados à mesa do poderio
Plantados a serviço da verba
Velhos reputados pretores de Roma

Os gestos das mãos dos maestros
Não são acenos da benção
É um código de abertura da burra
A corroboração do delito

Crimes sem provas cabais
Sociedade sem prognose
Moroso lavar a seco
Para que não as notas tose."

Trigésimo nono dia

Uma infeliz aglutinação, comunavírus, envergonhava-me naquele dia de tantos fogos no ar. O chanceler deixava o mundo de saia justa, uma situação constrangedora difícil de contornar. Em contrapartida, eu dissera outra: "minissaia". Doar por vontade própria aos necessitados era uma prática comum e as pessoas confundiram as atitudes tomadas pelos conservadores com o caminho para o utópico comunismo. Uma pandemia tentava fazer a direita se unir à esquerda, a formar um único tronco capaz de saltar sobre o óbice que bloqueia a vida do ser humano.

Recebia conselhos de um amigo para que me afastasse das polêmicas e que eu deveria escrever somente sobre o amor, mas respondia que escrevera sem mágoa, mas a criticidade faz parte da minha obra, o meu estilo barroco mostra a assimetria do mundo, porém, minto, minto tão completamente que minto a dor que deveras sinto, como diria Fernando Pessoa. Eu dizia que a escrita estava a ser uma terapia a quebrar a minha ansiedade que sempre tentou me devorar e no momento de guerra ela estava mais acentuada. Eu trocava os trinta e cinco anos de comunicações pela comunicação e me tornava um escritor para que eu controlasse a aflição e Deus me dera a musa e o senso crítico a me fazer viajar no meu mundo latente. Traçar sobre o amor dependia da liberdade para que as aves, o mar e a mata me inspirassem a cantar. Todavia, o meu quintal, o meu jardim e o beija-flor que os visitava todas as manhãs eram também um fonte de iluminação:

Doce Amada, o Beija-Flor paira no ar e com suas asas aceleradas colhe o néctar para restaurar suas fontes de energia. E eu queria ser como esse pássaro que todos os dias busca o doce como se fosse um prazer o seu corpo fortalecer.

“Meu Beija-flor

Beija-Flor, que pairas no ar
De penas tufadas de toda cor
Colhe da mais linda flor o néctar
E colore o dia do meu Amor

De cores repletas como os meus amores
De visão acurada que apercebe flores
Uma força nas asas tão peculiar
Como sua destreza ao se alimentar

Beija-flor, meu pássaro colorido
Quando voas lentamente para trás
Observas o vergel florido
E desejas o sumo mais e mais

Beija-flor, ah, se eu fosse como você
Buscaria a cada manhã
O suco da mais linda flor
E poderia abastecer os lábios do meu amor

Conte-me então qual é o segredo
Das batidas do seu coração
Ensina-me a voar
E a extrair o mel da paixão.”

Quadragésimo dia

Assentado em minha poltrona a tentar me proteger do perigo, eu observava o sagu como um pavão verdeado que antes me espetara a se assoberbar diante do meu temor. As plantas estiveram imunes à guerra sem bombas, o inimigo poderia pousar sobre suas folhas, contudo, sem poder sufocá-las, pois seus espinhos o repeliam como os meus braços. A letalidade do dia dobrara enquanto existia a discursão do entra e sai dos altos comandos.

O comandante demitia o homem que sabia o segredo de um dos seus e um de seus guardiões se desencantava. A balança da justiça pesava mais para um lado a contradizer o símbolo da licitude. As vozes da honestidade ficavam em silêncio e o que se esperava era o equilíbrio a vir de uma autoexoneração.

Em pleno caos da pandemia, havia uma loteria que definiria o resultado ao meio-dia, este excesso de assonância definira o lirismo da dança. E fora o que a maioria esperara, o árbitro que trocara o fórum pelo ministério se surpreendera com a politicagem e se despedira a deixar sua cadeira vaga para o fantoche. Houve um congestionamento nas bandas largas, os bits partiram em disparada para formar termos pejorativos e imagens montadas para viralizar. Os contritos calaram-se, porém, os maçadores não tiveram compostura a se comparar com o próprio mandatário.

À noite, quando o texto editado fora lido, havia justificativas embaraçosas de defesa e acusações de calúnia. A caça da verdade que estivera moribunda era o próximo passo do capítulo do confronto que se iniciara e uma acareação seria interessante, segundo a sugestão da imprensa.

Em suma, aquela contenda dentro do forte facilitava mais ainda a ação do inimigo que contivera um exército de catapultas a lançar gotas de fogo sobre todo o território nacional.

“Sem cera

Haverá faces sem cera
Não existirão fachadas
Que à socapa faleça
E a moita desapareça

Quiçá exista uma barca
Uma balsa do inferno
Que sugue a peita
E não haja mais seita

E se afogará a cobiça
No fogo maciço
Que só se apagará
No findar da praga

E um mundo sem cobras
Sem sobras,
Sem cordas,
Talvez sincero, sem cera.”

Quadragésimo primeiro dia

A quarentena me fez entender que os pássaros observavam o nosso movimento. Após tantos dias, o ninho instalado entre as telhas romanas da sacada fora como uma manjedoura a receber o par de filhotes da rolinha-roxa que caminhava sobre o piso da varanda a não se importar com a presença de Asaph do lado oposto. A candura de uma criança era como a inocência das duas crias que ainda não sabiam voar e estacionavam lado a lado no parapeito frente à minha janela. Os seus peitos estufados mostraram a prepotência de suas imunidades e eu do quintal observava uma dupla de passarinhos inseparáveis como gêmeos siameses unidos pelas asas que estavam prestes a levantar voo. Asaph ficara curioso com pequeno reino animal e temia a matriarca que não o deixava se aproximar. O menino sapeca parecia tentar se achegar aos passarinhos e logo vinha a mãe protetora a bater fortemente suas asas a emitir o som de retirada.

Eu higienizava as minhas mãos na área de serviço quando ouvi uma saudação a vir do alto:

— Vovô Pico, oia! Oia a rolinha.

Eu pressentia algo mirabolante iminente e falava:

— Asaph, não pode tocar nos filhos da rolinha, senão ela vai te atacar protegendo os dois.

— Está bem, vovô, mas como eu vou passar.

— Se abaixa e vai se arrastando até chegar à porta.

Asaph fizera por instinto o papel de um soldado bater em debandada, silenciosamente conseguia ultrapassar a linha de perigo e descia as escadas em disparada a raspar a sua cabeça na minha estante de livros a gritar:

— Vovô Pico, eu consegui escapar do perigo.

“*Asaph*

O meu chegar o desperta
A correr a abraçar as minhas pernas
A tentar alcançar primeiro
Em desespero, o meu topo

E o escala a enfiar suas garras
Na goma do meu suéter
Enquanto seus pés
Deslizam sobre o meu tronco

Sinto o aroma do leite
A encharcar sua pele suada
De tantos tiros rasos
Antes da minha chegada

E cedo o levando ao meu cheiro
Ao meu deleite
E o dia se completa
Com o gesto da sua cabeça.”

Quadragésimo segundo dia

Uma troca de farpas entre duas lideranças, uma que dizia da eficiência de sua caneta e outra que sintetizava não ser um produto de venda. A destituição do chefe mor era o desejo de muitos que o avaliaram como criminoso. Várias instituições criticaram sua postura e deram partida nas investigações em busca dos mascarados. A saída seria se unir a um centro enorme de políticos que viveram na gangorra das vantagens. Tudo me fizera a sentir ojeriza por aquele mundo putrefato que nos reprime a não consentir o direito de igualdade. Uma lição estava a ser dada para todo o universo dos poderes e ainda existia aquele que ignorara o chicote de bacalhau na mão do feitor a serviço do mal.

Não se sabia quem mandava descarregar uma única rajada de uma submetralhadora na morta ou uma facada no ferido, era oculta a investigação de construções de prédios ilegais erguidos com dinheiro público, não se achava o escondido repassador do lucro de investimentos e o dono do isqueiro que queimava o arquivo desaparecia. A não descoberta dos fatos parecia ser coisa antiga e há décadas as coisas ficaram escusas eternamente e pelo desfilar da carruagem de luxo não se encontraria o mordomo da família. Nesse ínterim, o estrago era imenso na casa de duzentos e duas mil fatalidades e começara a se ouvir alguém chorar bem perto.

"Vaidades

Consumem-se coisas do bornal do mal
A vaidade, o maior dos alimentos
Escoltada do prazer,
O melhor dos sentimentos

Há também perigosos trabalhos
Neste cesto debaixo do sol
Em busca dos atalhos
Isto também é vaidade

E há o vento que desmantela,
Desmorona esta vaidade
Quando empurra o tempo
E não se sabe o seu caminho."

"Vaidade de vaidades, diz o maior dos sábios,
tudo é vaidade."

Quadragésimo terceiro dia

Fora o dia mais triste, pois eu tive notícias de amigos falecidos e feridos.

Caminhões frigoríficos não anunciaram a chegada da carne, o meio de transporte se estagnava em frente aos hospitais e recebia cadáveres a nos deixar espezinhados com a cena. Qualquer calafrio, tosse e outros sintomas rotineiros nos levaram ao pânico, e Maria se achegava e me abraçava a perceber o meu melancólico momento que não seria pelo romantismo, mas por assistir ao trucidar. Os infectologistas alertavam a cada dia como proceder diante da mazela. Uma paranoia se instalava em minha cabeça a imaginar não pertencer mais ao mundo que eu programava. Um telefonema levantava o meu astral: era a voz de Raisa.

A terra explorada que antes pertencera aos indígenas fora a mais atacada pelo invasor que não penetrara na mata atlântica, entretanto, aniquilava os miscigenados homens da cidade que em estado de calamidade tiveram dificuldades de enterrar seus entes. O nativo da floresta que não tivera contato com o homem branco ficava imune, pois o seu distanciamento social era o exemplo de que seria a mais possante arma de defesa contra os disparos de canhão.

O colapso do sistema funerário fizera uma família se apoderar de pás para enterrar um parente e a falta de caixões mostrara a velocidade que o inimigo atacava.

Não havia raça e religião que fossem poupadas do maligno criminoso que alcançava o seu objetivo por meio da ignorância dos povos.

O cacique liderava com a sabedoria de seus ancestrais, a cada ritual clamava para que o criador interferisse a preservar sua gente e se humilhava diante do inimigo que mesmo de longe era uma ameaça. Outro exemplo que deveria ser seguido pelo grande chefe "Cabelo Amarelo" que se importava apenas com a sua genitura.

Os decretos foram ignorados, da forma que indivíduos folgados sentiram dificuldade de cumprir as regras. Eles se acharam espertos a pensar que poderiam se desviar do adversário que com um golpe aéreo os deixaram contaminados.

"O sábio povo

Não faço parte desta sociedade
Não aceito suas vozes
Que são ditadas do alto
No som dos chicotes

Pertenço ao meu eu
Que me concede a mata
Onde viajo a cipós
Com minhas vergonhas de fora

Sem vestes ao tempo
Espero a chuva de vento
Que me leva ao topo
De onde a vejo a minguar

A aguardar a arca..."

Quadragésimo quarto dia

O sol quente adentava pela treliça da janela de madeira do meu quarto e me despertava. Eu olhava a paisagem do quintal e via a esperança em uma flor que brilhava a me apresentar um novo dia. Eu mirava Maria na beira do tanque a assobiar uma bela canção de amor.

O dia anterior fora de flores murchas sobre a terra de repousos e lágrimas de sofrimento. A flor da ixora atraía as borboletas que vieram buscar seu mel rico em proteínas e voaram em torno do jardim a me cumprimentar.

A minha paz retornava e dava conta que Deus estivera a me poupar. Eu fizera a barba e ajeitara o cabelo que crescia a lembrar da cabeleira do meu pai que fora aliviado de assistir a esta grande catástrofe. Era necessário que minha aparência fosse saudável para que se calasse o choro dos meus filhotes. Ensaiava uma cena e me apresentava como uma coruja da Grécia antiga que durante uma batalha sobrevoava sobre os seus soldados a lhes garantir a vitória. A certeza que eles estavam bem aumentava a minha imunidade e eu me considerava apto para continuar a viver com a dádiva de ver uma criança sempre ao meu lado a fazer peripécias que mudaram o rumo da minha história. Asaph personificava tudo, a sua barriguinha dizia sempre para vó Alice que estivera com fome de Danone, o seu dedinho queimava quando eu acabava de fazer sua pipoca e a culpa era do teimoso polegar que antes lhe alegava que poderia tocar na panela, os carrinhos reclamaram da intensidade da rampa improvisada pelo pequeno engenheiro e suas pancadas nas paredes, a bola de futebol se queixava da patada atômica a Rivelino que recebia constantemente toda vez que eu tentava lhe ensinar alguma jogada e outros tantos brinquedos, segundo o peralta, eram como o grilo falante.

Viver aquele mundo fantástico de Asaph alimentava a vontade de voltar no tempo. Em determinado dia, a pedido de uma nobre docente, eu fiz um texto em ode aos pequeninos seres do gueto que abraçaram as pernas do poeta durante a sua jornada a pedir poemas:

Como "Tistu, o menino do dedo verde"

"O que eu queria ser?

Eu queria ser como o menino do dedo
Que transforma tudo em flores
Pra chegar à escola bem cedo
E tocar nos meus professores

Uma rosa irá me ensinar
A escrever uma história encantada
E o cravo a me fazer decorar
O conteúdo da tabuada

E o beija-flor será o diretor
Da escola que virou jardim
E me chamará depois de doutor
Pairado no ar sobre mim

E nos tornaremos anjos do amor
Pra quando houver necessidade
Desceremos em nossa cidade
Pra transformar a arma em uma flor."

Quadragésimo quinto dia

A cultura organizacional do país foi a responsável pela derrota para o inimigo. No quadragésimo quarto dia da quarentena, superamos o número de óbitos de uma das maiores potências econômicas do mundo. O comportamento do brasileiro era esperado, pois fora desprezada pela Educação a expressão máxima do direito, a cidadania.

Obedecer às normas e às leis foi recusado pelos homens que sempre deram o jeitinho brasileiro no seu cotidiano. Em qualquer esfera da nossa sociedade, há o corrompimento desde o pular a roleta até o sonegar das grandes empresas. E quando se determinava um lockdown, indivíduos que pregaram a defesa da obediência às autoridades lançaram nas redes sociais o estímulo ao fluxo de deslocamento de pessoas. Todavia, os que mais incentivaram essa prática se esconderam dentro de suas bolhas a proteger seu legado.

Acreditar no processo de mudança seria uma atitude aceita, pois as administrações anteriores do governo sempre foram desastrosas com uma hipérbole de afano dos cofres públicos, mas ser conivente com a compostura do novo líder que abusava dos seus delitos contra uma população massacrada pelo sistema era incompreensível. Não bastava ditar, o sarcasmo e a ironia que deveriam ser coisa dos infernais estiveram a ser o seu discurso.

E mais uma vez uma cena se repetira:

O líder sem partido indagado pela situação dos números de vítimas fatais que medraram no país respondia iradamente:

— E daí? Lamento. Quer que eu faça o quê? Eu sou Messias, mas não faço milagre.

O impacto de suas atitudes estivera a diminuir suas forças e o poder supremo revogava um de seus atos, pois quebrava alguns princípios.

“Língua maldita

Língua maldita que dita,
Que mente
Que brita
À solta como uma serpente

A odiar a vida, esta língua atrevida
Que não se controla
Como cavalos sem freios
E pistolas

Não se consegue domar
Esta má língua, maligna
Que míngua
Ao cafangar

Língua maldita, querida dos homens
Que a adoram
E que soltam suas línguas
Como idólatras de lábios bajuladores”

Quadragésimo sexto dia

E parecia que se voltava para o século IV quando o imperador se aliou aos perseguidos e os elegeu papas, pois o que se conquistava com a força estava a se permutar pela retórica, uma arma poderosa na mão do império.

O ajuntamento no momento da posse do chefe da segurança nacional é o retrato da insensatez. Os adjuntos do mandatário que batia no peito a afirmar quem comandava se abraçaram no instante que o inimigo entrava para fazer a festa. Ficava no ar junto com as palavras persuasivas o jato de líquidos que buscava as faces livres. A esquadrilha do invasor lançava bombas biológicas que se armazenaram no interior do organismo humano de cada soldado desguarnecido e sem sintomatizá-lo o deixara livre para a sua multiplexação.

Essa era mais uma situação que o maligno invisível adorava e somava-se a várias expressões infelizes do seu adversário que incomodava outras instâncias do governo. O supremo fora provocado e como guardião da lei maior tomou as providências necessárias para impedir a quebra da impessoalidade, moralidade e interesses públicos.

A prioridade era preservar a vida dos cidadãos, todavia, havia uma pancadaria enquanto centenas de mortes eram anunciadas. A insistência em desviar finalidades fizera o autor de diversos jargões declarar ao seu povo que recorria para impor a sua escolha a dizer:

"Quem manda sou eu"

A maioria dos seus votantes estivera a pensar diferente, o seu desequilíbrio em comandar a tropa estava a ser questionado e houve desertores que se esconderam na caverna. Cada ação descontrolada do comandante reverberava e o mundo estivera a conhecer o perfil do nosso líder, o que nos envergonhava muito.

“*Pérfidos*

Belos são os hipócritas
Usam as máscaras da farsa
A possuir entre dentes o tridente
Que espetam o povo inocente

Como nobres zombeteiros
A interditar a harmonia
Dos pobres guerreiros
Do dia a dia

Não temem sequer a vara
Arrogam o mundo
Ufanos inglórios,
Agradáveis vagabundos

E o peso da mão reta
Detonará a serpente
Similar a uma seta
Fincada em suas mentes.”

Quadragésimo sétimo dia

Batia-se o recorde de número de infectados e não adiantava comunicar ao líder, pois se sabia a resposta que engulhava tantas pessoas. A expressão idiomática "morde e assopra" definira muito bem a linguagem do chefe sempre que as câmeras o importunaram a não ser maleável diante das situações não muito boas. Eu poderia enumerar tantas outras que me ofendera. Gostaria de ouvir palavras de solidariedade do representante da minha nação aos entes que perderam os seus e de otimismo pelo trabalho que estava a ser realizado no combate ao monstro oculto.

Contudo, ele se preocupava ainda mais com a crise política que poderia depô-lo do cargo e esquecia-se dos brasileiros que, segundo o seu sarcasmo, deveriam ser estudados como aqueles que se jogam no esgoto e saem ilesos. Um estado de saúde precário que foi no início da invasão declarado ao público e logo desmentido voltava à tona e o considerado ex-atleta estivera a ser sondado por ordem judicial e cometia a infantilidade de apresentar um simples relatório médico, o que fizera afirmar o grau de periculosidade que rondava o palácio.

Um ataque de ofensa contra aquele que defendia a lei suprema repercutia uma grande reação. Onze, um time completo composto por galácticos contra-atacava o adversário que ousava invadir uma área cuja trave era fechada. Eu observava aquele confronto diante de uma montanha de choro de amigos que se foram e chegava à conclusão de que não havia um ser daquela esfera que fosse capaz de ceder o orgulho em troca da solidariedade humana.

"Lei maior

Quem cria a lei é o larápio
Que acumula chorumes
Através da escolha do cardápio,
O menu de estrumes

A cada golpe de doutor
O pobre cai por nocaute
Estratégia do malfeitor
Que incentiva o locaute

E não há ferramentas de trabalho
Os braços estão a se cruzar
A espera do malho de madeira
Que se condena ao soltar a frieira

É o acusado sendo purgado
Pela máquina da constituinte
Que ele a tem decorado
E se safa com requinte

É larapiar dentro da lei..."

Quadragésimo oitavo dia

A manhã de sol do primeiro dia do mês das rosas me apresentava a beleza de Maria Alice. A palmeira do quintal alcançava uma altura de dois andares e suas penas sombrearam as minhas vestes estendidas no varal pelas suas mãos preciosas que se estendia na ponta dos dedos a mais uma vez me seduzir. As plantas dos seus pés descalços sobre a poeira do revestimento áspero do piso aumentava a sua imunidade e fortalecia as batatas das pernas que eu tanto apreciava. Eram tantas as poucas roupas de uso de nossa quarentena e lento era o seu movimento de se agachar e se levantar a parecer uma dança do gueto. A cada mobilidade sua, eu que balançava na rede frente à parede de chapisco do seu quarto, deleitava-me.

Ofereci-me para ajudá-la e seu sorriso me respondeu que eu não poderia invadir o palco onde a diva estivera a atuar. Era um pequeno cenário, todavia, tivera uma grandiosidade de enredo em uma dança sedutora para um único expectador. Cada olhar de Maria me fizera esquecer a guerra e subi para o terraço e entre os balaústres fotografei seus trejeitos femininos que revelava suas intenções. O soltar de seus cabelos negros encaracolados que combinavam com a cor de sua pele encerrava o seu ato e eu me pusera a tateá-la. Ela estava intocável, eu poderia apenas apreciá-la. Este era o castigo do trovador que voltava ao romantismo a idealizar a mulher sem poder usufruir de sua beldade. Eu implorava ao sol que antes a iluminava para logo se pôr e deixar somente para mim os instantes de amor.

Em síntese, o dia terminava com a ruptura da fantasia e Maria se entregava definitivamente a meus braços.

“Eu e o sol

Semiaberta a janela do seu quarto
Os raios do sol estão a te despertar
A varrer tão delicadamente o seu rosto
É a natureza a te tocar

Sempre aberta a porta do seu quarto
Os meus raios estão a te tatear
A passear tão levemente em seu corpo
É a realeza a te aliciar

E quando abres os olhos teus
Há duas coisas a te desejar
Eu e o sol, o sol e eu
Os dois somos amantes seus

O que te venera,
Que não te abandona jamais
E o que se põe
A te fazer chorar na beira do cais."

Quadragésimo nono dia

A chuva forte da noite anterior refrescava o meu sono que guardava alguns dos meus segredos e mais uma vez o sol dominical me despertava silenciosamente. Eu descia as escadas na ponta dos pés para não despertar Maria Alice e ligava na sala aquela que me despejava notícias dos inimigos. Um continuava a atacar ferozmente a aumentar o número de leitos e covas e naquele ínterim, o outro composto por um grupo de comilões se atracava. Duas torcidas organizadas também entraram em combate em frente ao local do feito dos bombardeios que virava o dia e invisivelmente o pior dos rivais aproveitava a oportunidade e atingia os integrantes. Em todo território nacional havia naquele momento aproximadamente cem mil feridos e sete mil vítimas fatais daquele destemido invasor, entretanto, o grande adversário da sociedade estava a ser a briga instalada nos poderes da nação.

A minha arte fizera com que eu me escudasse do adversário passageiro. Eu distribuíra poesias para os meus tantos leitores e a tecnologia trazia a mim relatos de pessoas distantes. A tentar esquecer as coisas desagradáveis eu mentia próximo da realidade. Verossimilhante, eu dava um estranhamento nos meus textos e grafava os confrontos atuais com símiles de batalhas na arena do futebol, guerras mundiais e reinos.

Outra mentira, a dos cavernosos disputantes de egos inflados, invadia as redes sociais a mostrar o "fake news" dos caixões vazios, a mais nova e potente ferramenta dos bandidos.

A negligência do poder continuava no centro-oeste onde o inquilino passageiro do planalto usufruía de seu posto a receber em seu colo abraços inocentes e ameaçava de peito aberto, sem medo de perder o ar, que tudo se chegava ao limite e a partir daquele momento as coisas seriam diferentes.

E a pandemia, uma grande verdade, era mais uma vez esquecida nas palavras do homem sem provas.

“Mentiras e verdades

O que é vero não se enxerga
O falso é viral
A se tornar verdadeiro
Nas mentes de cristal

O cego enxerga o falso
O lúcido o despreza
E o id incita o ego
Que a moral lesa

O que se nega é a verdade
E se entrega a mentira
Nesta mendiga sociedade
Um mundo de intriga

A vida é uma mentira
A morte é uma verdade.”

Quinquagésimo dia

Pelo mar, pela terra e pelo ar, somente um dos inimigos passageiros estava a nos atacar e as três forças não conseguiram êxito contra uma investida invisível, porém, o escancarado as convidava em público para destruir o sufrágio brasileiro a irritar a cúpula dos casacos brancos, verdes e azuis. Em sua frente, a falsa liberdade de expressão se confrontava com a liberdade de imprensa e existia agressões de socos e pontapés nas costas do aniversariante.

A democracia estivera a ser derrotada sob o sorriso de cobra que do alto da rampa esticava seu pescoço a observar o seu ninho. O ser peçonhento que gerava a cada dia uma ofidiofobia nos seres racionais tivera algo em comum com o matador abstruso, suas vítimas sofreram constrição.

Naquele dia, foram embora dois artistas que fizeram parte do meu passado. O autor da esperança equilibrista não escutava mais a sua letra cantada na voz da eterna pimentinha e a camicleta, enfim, recebera Xerife no céu, o seu último integrante. Um mineirinho gênio da bola que fora vítima de um insensato destino não poderia estar a contar suas histórias pra a Moça Bonita, pois lutava contra a morte na terra onde aprendeu sua arte.

O meu inconsciente dizia que tudo estava próximo de acabar. Muitas pessoas foram curadas de suas feridas sem mesmo percebê-las e quiçá fossem elas aquelas que desobedeceram à ordem dos especialistas e não haveria mais a possibilidade de muitas contaminações. Eu necessitava desse otimismo para levantar o humor dos meus, pois eu observava a tristeza a rondar sobre a minha casa.

E ao entardecer tive a vontade de fugir para um lugar onde ninguém pudesse me encontrar onde a solidão e a solitude me acompanhassem como em minha fantasia:

“Minha solitude

Hoje acordei a buscar a solitude
Pude ficar sem o tumulto das vozes
Encontrei um lugar sem vulto
Onde eu ouvi o meu eu

Alguém dos ares me avistara
A tentar jogar as cordas
Que eu recusara
Destarte um descarte à forca

Não havia nenhuma solidão
Existia a solidez de um coração
Como qualquer viola
Que bate no compasso do diapasão

Minha solitude não revela
A minha solidão...”

Quinquagésimo primeiro dia

A antonomásia de "Namoradinha do Brasil" foi manchada pelo vestido da noiva do governo que dizia aos convidados que o casamento estava prestes a findar, uma novela que tinha o último capítulo revelado. A arte cultural estava ociosa e retornava para as mãos que regem frases dantescas e reforçava a ideia preconceituosa dos conservadores. Todavia, havia o choro da guitarra e o canto dos artistas a se manifestar via rock and roll sobre o momento e contexto social.

No confinamento curto, eu ouvia uma coletânea de blues e viajava no gritar da gaita que me levava para o mundo das colheitas de algodão quando a prisão era longa, porém, não existia o paladar amargo, o corpo quente e a falta do ar.

"Blues

No tocar da minha guitarra, o teu choro me
alucina e as gotas de vinho a escorrer em
meu punho se confundem com o sangue da
escravidão dos tempos das colheitas de penugens
brancas, o algodão que aquecia os donos

A cada percurso ao teu destino
Meus dedos te acompanham
Meus ouvidos te privilegiam cada vez mais
E o teu sonido se adentra em meu âmago a curar
o meu estômago

Posso te entoar infinitamente
Tanto é o teu poder sobre mim
E nunca ficarei só
Pois o teu som me conduz
E vem harmonizado de Blues."

Maria declamava a poesia "O Cânion de Xingó", e eu gravava um áudio e o transportava para uma nobre mulher que no século passado me ensinou tantas coisas ao saber alguns dos meus segredos e conhecia o meu medo, o maior dos silêncios. Ao seu redor, houve a benquerença dos que possuíram um apego ao seu mando cheio de ternura sob o comando da tão generosa criatura e quando lhe desejávamos boa ventura, ela se aproximou da Linha do Equador onde a quentura lhe dava felicidade a nos deixar saudades do seu mavioso grito de guerra, da liderança do seu jaleco branco, da cobrança dos cassettes drives e da vontade de viver.

"O Cânion de Xingó

Sobre uma abundância de água doce
Estou a navegar
É o Velho Chico a me carregar
Para o caminho estreito

Um lugar de paredes de pedra
Esculpidas pelo tempo
E polidas pelas mãos das águas
Que trouxera a vida

É como se fosse um sonho
O seu leito a me levar
Para o paraíso do talhado
Onde poderei, enfim, te furar

E descer até as suas profundezas
Para contigo medir forças
E subir com a certeza
De que és inocente."

Quinquagésimo segundo dia

O tempo virava e o meu quarto continha minúsculas partículas de ácaros e fungos a impedir que eu desse os meus piques matinais no corredor do quintal e me pus a tentar entender o que se apresentava nos bastidores daquela guerra maldita.

As palavras foram como as balas perdidas do nosso invasor que jogadas no ar feriram muita gente, mas não matariam e quando escritas passaram a ser verdades ditas para serem investigadas. Esse era mais um capítulo do ensaio sobre a insensatez e para desapontamento dos incendiários, o processo estivera apenas a começar e o declarante não tivera pressa. Todavia, o bombardeio das gotas tivera agilidade a quebrar mais um recorde de fatalidades, o que nos assombrava. O norte e o nordeste estiveram a ser cruelmente atacados e novas barreiras não eram capazes de segurar a fúria do inimigo que perdia o posto de protagonista para o dono do planalto. Parecia que a estratégia era deixar por último a região que guardava o assento do poderoso chefão.

Os pobres pediam misericórdia aos seus padrinhos a clamarem a salvação, enquanto os coronéis estavam a conduzir o seu gado e eu voltava a observar o "Grande Centro" que ganhava a primeira recompensa, um trono para aquele que defendia o consumidor sobre a seca do agreste a qual gera as possibilidades dos desvios. Aqueles caçadores de privilégios estiveram em uma posição estratégia para recebê-los em troca de votos ao vivo.

"É um território imenso o nosso e muito mal resguardado por um documento que possibilita mamatas a um grupo de mercenários aptos para mudar o jogo nas grandes reuniões".

“*Os ovos de ouro*

Sob o solo da terra seca
Há um buraco que cresce
E enriquece uma granja
A cada pá da ração

A galinha poedeira se agacha
Pois todo dia é dia,
Sob o olhar do galo,
Colocar os seus ovos de ouro

Não se pode apagar a luz
É o que conduz ao tesouro
E se houver escuridão
Encerrar-se-ão o que se produz

O tapar do buraco é outra metáfora
É a possibilidade dos ganhos
É a mais produtiva das aves
A pôr de novo o ovo dos sonhos.”

Quinquagésimo terceiro dia

Uma garoa cobria o nosso lar naquela manhã e eu aguardava a descida rotineira e triunfal de Asaph que na noite anterior fazia uma de suas maiores travessuras:

O pirralho com seu uniforme tricolor verde, grená e branco, subia em meu colo a me mostrar o escudo tantas vezes campeão. Pegava o meu ponto fraco que fizera com que eu o fotografasse a exibir seu manto nas redes sociais. Foram diversos comentários de torcedores fanáticos pelo clube olímpico e de toda parentela.

Asaph quando cedo acordou já tivera me dito que sua mãe lhe colocaria uma máscara e o levaria para andar de bicicleta na rua deserta do nosso bairro. A ansiedade para que chegasse o momento o deixava muito agitado e a psicologia de Aline para sossegá-lo fizera parte do processo da lida da quarentena. Ele voltava aparentemente sereno e programava um repeteco para o dia seguinte. Eu admirava aquela camiseta regata em seu talhe de atleta e ensaiava algumas embaixadinhas a receber sempre uma patada atômica, pois tinha naquelas pernocas musculosas pouca habilidade, porém, muita precisão nos seus chutes que se não fosse a minha madurez de jogador ouvir-se-ia o grito forte de Maria.

A entrada da noite me convidava a ler um de meus romances de luz que me levava sempre ao mundo onde eu pudera viajar nos personagens que criava e torcia para que a vida real não se fartasse de catarses. Maria me servia a janta e quando avistei a rapa de arroz queimado colado no fundo da panela, eu desprezava o prato e degustava a cada colherada a me lembrar de Tontonha, quando Asaph se estacionou em minha frente a chamar a minha atenção:

— Vovô Pico! Não se come na panela.

Eu sorria e lamentava pela geração que nunca comeu bolinhos de chuva acompanhados de refrescos de groselha. Liguei a televisão e sentei novamente na poltrona cativa do vovô e ouvi um repente de Maria:

— Asaph, o que você fez!

Fora picotada a camisa listrada próximo ao emblema com tesouradas afiadas.

O travesso menino estivera prestes a receber umas palmadas, mas subiu velozmente as escadas e se refugiou no colo do terceiro andar, o seu cafofo.

Passou-se alguns minutos e o contrito moleque que se sentava no primeiro degrau da escada estava a me chamar para uma conversa e me pedia desculpas. Eu dizia que estava muito triste e o deixava sensivelmente abalado. Não pudera resistir àquelas lágrimas de arrependimento e cedi ao abraçá-lo e ao enxugá-lo.

Quase na virada da noite eu subi para dormir e durante o meu ritual de orações, surgiu Asaph maviosamente na escuridão ao lado de minha cama:

— Vovô! Eu quero te pedir perdão.

Eu tentava ser mais forte a dizer:

— Eu já te perdoei, durma com Papai do céu.

E a fala da mais doce criatura foi:

— Vovô Pico, amanhã compra uma camisa do Fluminense pra mim.

"Fluminense

Quando o vi em preto e branco
Eu não imaginava o tom do seu manto
Foi quando apreciei suas cores
A ofuscar flâmulas outras

Foi Amor à primeira vista
Pelo verde, o grená e o branco
Era o início de uma conquista
Dos títulos tantos e tantos

O Verde do aroma e da mata
O Grená do sangue venoso
O Branco do véu da cascata
São as nuances do meu Glorioso

Por ti jamais sofrerei
É a certeza de grandes vitórias
Vencer ou Vencer, gritarei!
É o lema da nossa história."

Quinquagésimo quarto dia

Depois que tudo passasse, poucas máscaras cairiam e as remanescentes subiriam até os olhos. Este seria o resultado de uma disputa inundada por contradições no poder que deveria conter pluralidade. Os pobres sobreviventes que não descartaram os seus tapadores de bocas continuariam a gritar aos ouvidos dos que utilizaram socapas a pedir:

— Que se desfaça a farsa.

Naquela imunda guerra fria, a pandemia era desprezada e se morreria a democracia, pois o desejo do povo era abortado pela covardia de um grupo de mecenas que protegia a arte da maldade. Como uns bandeirantes atrás do ouro e da prata, um grupo garimpava as melhores oportunidades para aumentar seus tesouros. Os mercadores do caos se aproveitavam em todos os setores da zona nacional a praticar os delitos de corrupção.

Uma patota atravessava a tríplice praça a pé para se achegar ao supremo e pedira auxílio, todavia, continuara a soltar "verbetes" como o que haveria muitas mortes de CNPJ´s. O negar da importância do perigo fora o grande erro do chefe do pelotão e naquele momento uma nova oportunidade estaria a surgir e o que se esperava era que o bonde que passava, lotasse.

A imagem do país estivera a ser manchada no Exterior e poderia sofrer um isolamento comercial, pois a gestão do líder era medíocre pelo fato de ser contra o lockdown desde o aparecimento do terror biológico a bater sempre no peito a dizer que copiava o "Tio Sam".

O relato de alguns que sofreram perdas era de arrependimento por não acreditarem nos disparos invisíveis do franco atirador que possuía grande precisão. O medo de tomar um tiro fatal era quase uma unanimidade, mas ainda existia aquele que por razões ideológicas seguia o discurso do inominável cidadão.

A sociedade dos heróis mortos nascia durante a guerra e aumentava a cada instante quando os plantões fatais intimaram médicos e enfermeiros.

O fato que mais me impressionava no dia que dobrava o número de óbitos do meu Rio de Janeiro foi ouvir escandalizado o narcisista ególatra que dissera ao vivo que daria um churrasco americano em sua casa para trinta pessoas com direito a pelada de futebol.

"A *festa*

Uma bola de gomos virosos no ar
É desejada por um todo
A rainha do espetáculo morde
O que não a pode controlar

Capciosa, se deixa levar
Como uma quenga do amor
A deslizar em seu peito,
O leito da dor

A receber chutes na cara
Espirra o que se esparrama
A juntar o seu suor
Com os orvalhos da grama

E antes do tempo proposto
O árbitro encerra a partida
A receber o cuspe em seu rosto
A dar o 'e daí?' para a vida."

Quinquagésimo quinto dia

Um dia lindo de sol, há três décadas nascera a minha menina a presentear o dia das mães. Eu tivera a sua idade e cheio de felicidade eu jorrava lacrimas em cima do seu véu na maternidade do bairro de Campinho e o destino a colocava de volta no mesmo lugar. Eu não poderia abraçá-la, todavia, eu a via na tela do meu celular e tentava penetrar junto aos bits na banda larga turbinada para lhe dar um beijo de feliz aniversário, mas era possível somente vê-la e ouvir a sua voz. Acompanhara todos os comentários de felicitações nas redes sociais e me emocionava com sua citação sobre seu pai que, segundo a minha princesa, era o seu exemplo.

Lembrava-me das peraltices de Raisa quando pequenina ao entrar no meu automóvel Ford Del Rey e subir sobre a cobertura interna do porta-malas como se fosse uma onça adestrada e o dia que eu não me perdoei de tê-la esquecido no clube de futebol na Barra da Tijuca após a bebedeira da vitória, contudo, o meu desespero tão grande foi quebrado quando a encontrei: ela estava a brincar com outras crianças sem perceber o sumiço de seu pai leviano. Outra vez, levei-a para um grande parque de diversões na zona oeste e tivera que pedir como um sujeito inexistente o "para" para que minha filha de apenas oito anos descesse daquela cadeira do dangue protegida por apenas uma corrente que girara no ar na altura imensa a gritar de alegria:

— Paiê! Paiê!

O operador do parque me obedeceu imediatamente e minha bonequinha não entendera o perigo de ter se infiltrado entre os adultos naquela aventura.

A pandemia nos impedira de estarmos juntos, mas os meus versos e prosas estiveram para sempre gravados no seu coração:

Sou como uma coruja e vejo uma rara formosura em você, filhote mimado de encantadora beleza. Sou uma ave da noite, sábia criatura, e vejo por todos os ângulos a sua postura. Sou tal qual um ser luminar repleto de luz que te aclara e te cobre na escuridão e no frio. Sou seu pai, fiel como a ave que retrata o amor, seu samurai e o seu eterno defensor.

No dia do seu matrimônio, eu pregara sobre o vinho a lhe dizer que o casamento é um processo muito parecido com o da produção do vinho, a qual as melhores uvas são as virtudes individuais do homem e da mulher, o mosto refere-se à unidade da carne, os sulfitos são as defesas do casal, a água morna representa harmonia, a primeira fermentação é o tempo de adaptação onde são visíveis bolhas e espumas, a segunda fermentação em ritmo anaeróbico liberta o casal definitivamente, levando-o a ter várias mudanças de hábitos, a levedura é o desejo, elemento inflamável que acende o fogo do relacionamento, e finalmente a decantação e filtração são consequentemente a separação de tarefas e eliminação de fantasmas. Jesus fez seu primeiro milagre em uma festa de casamento, na qual transformou a água em vinho e todo esse processo foi feito para que não houvesse constrangimento para o casal, isso prova que Deus prioriza aqueles que o aceitam como vértice principal da união.

"Amor de pai

Não sei se suporto, mas topo
Entregar sua mão à sua paixão
Pois o importante é ver a sua ventura
Recheada de pura emoção

Sei que cairá uma chuva de lágrimas
Quando houver o adeus no altar
O meu traje de gala umedecerá
Lacrimejado de tanto gosto

E o oposto da profecia dos amuados
Será do sonho o ponto de partida
E tenho a certeza do encontro marcado
Entre você e a primazia

E lhe direi com o mais simples vocativo:
— Filha, te amo."

Quinquagésimo sexto dia

O dia das mães foi comemorado sem afetivos contatos nas que ficaram. O vírus não conseguia separar o incondicional ágape amor, pois fizera com que os que acreditaram na quarentena, salvassem-nas. Os que eram contra o isolamento social não tiveram coragem de abraçá-las, beijá-las e fazerem um churrasco a levar os netos para pedirem suas bênçãos a contradizer suas opiniões. Outro guru do chefe lhe dissera que ficar em suas casas seria o grande erro dos filhos que para não morrerem de fome teriam que arriscar a vida a enfrentar o inimigo nas ruas de peito aberto, a fazer circular a moeda dos seus suores e que a doença já havia invadido seus lares e escolhera quem e quando iria atacar. A insolência com suas informações falsas conseguia por meio da retórica e oratória persuadir um grupo gigantesco de seguidores e eu continuara a ver os piromaníacos atearem fogo nos gestos programados do executor.

O futuro era uma incógnita, o próprio inimigo era desconhecido e o cognoscente fora capaz de apenas impedir o holocausto a incentivar o distanciamento social, entretanto, houvera duas ciências a se confrontar, a da saúde e a da política, segundo as palavras de um médico que fora expulso da guerra.

Havia um luto declarado por duas esferas pelas dez mil mortes anunciadas, enquanto mais um script montado era realizado no Lago Paranoá a tentar grafar em nossas testas a palavra "idiotas", contudo, eu sabia a intenção do títere que por mais que permanecesse sendo manuseado por uma mão pesada se sentia livre do polegar que controlava sua cabeça.

Eu registrava uma enorme aglomeração em frente ao palácio com faixas de protestos contra as duas instituições que declararam o grande pesar pelos brasileiros aniquilados que começava com uma carreata e após seus ocupantes se concentrarem frente à arquitetura do côncavo e do convexo, ignoraram teimosamente as normas.

Tomava uma bronca de Maria:

— Chega! Venha comer o mocotó que você tanto gosta.

Apagava aquela linguagem referencial de minha mente e degustava do tutano de boi que fortalecia minhas articulações e fazia com que eu mantivesse a minha rotina diária de caminhar em volta da casa. Uma lomba tomava conta do meu corpo e me conduzia à minha cama que aquecida pelos raios do sol me aguardava.

Maria Alice pegava uma carona e antes que meus olhos fechassem, parafraseava Tontonha:

— Estava gostoso, Amorzinho?

"Mãe

Queria eu que fosse verdade
A minha mãe ao lado de Deus
A abençoar a minha vontade
De realizar os sonhos meus

Que toda vez que eu chorasse
Eu sentisse a sua mão
A enxugar da minha face
Somente lágrimas de emoção

Que eu pudesse prolongar meu sono
A tê-la há mais tempo
No meu sonho
E no meu pensamento

Que eu não sentisse a saudade..."

Quinquagésimo sétimo dia

Os amantes das armas não perderam as oportunidades de exibi-las, todavia, continuaram sem ousadia para derrotar o inimigo. Um urso pardo gigante a viver a paz entre as flores silvestres no clima frio do norte é uma símile daquela gente que foi atacada pelos tiros de rifles precisos. Os maníacos caçadores não precisaram correr atrás dos animais plantados e lentos da humanidade, pois eles os tiveram ao seu alcance. O isolamento dos animais em suas cavernas impediu que os impiedosos atiradores os atingissem, e esse exemplo não bastava para os conselheiros de guerra que persistiram que todos que viveriam fora dos seus antros teriam que ser alvejados para que os que se salvassem fossem a base para defesa, porém, o risco era muito grande, porque seriam seguidos a entregar para o grande caçador todo o bando.

Estivera uma espingarda nos braços de um dos numerais cardinais a estourar os balões de ar que representava mais o que se dissera a crendice popular. Não seria crime todo o exibicionismo, mas uma falta de concentração dos que sempre ostentaram a não priorizar a vida. O invasor estivera a mirar aquelas pessoas e parecia que antes de acertá-los teria que eliminar as vítimas dos seus desmandos.

Na selva dos três poderes, o leão era querelado e tudo indicava que se manteria o trono. Nem a arma branca lançada do escuro, nem suas imagens foram páreas para derrubar o verdadeiro rei da floresta, ele se gabava de se aliar a um clã de hienas que o ensinava a marcar território. A cada dia ele se sentia fortalecido, talvez por uma falsa pesquisa ibope realizada pelos seus próprios filhotes que do topo da pedra o cercava de lambeção.

O ato político durante uma pandemia seria como uma caça furtiva dos ursos e deveria haver a prioridade da vida a todos os seres que respiram.

“Eu, cousa da terra

Todo ser que respira vive
Ao ar livre louva
E cada um pertence a Deus
Eu, cousa da terra

Espanta, o tiro que berra
As flores se assustam
Chocam-se, os bichos aflitos
Eu, cousa da terra

A relva, a trava amarrota
A primeira vítima da guerra
A marcar a rota da selva
Eu, cousa da terra

Eu, oculto, singular, anacoluto
Cousa, a causa
Terra, o lugar
Deus, simples.”

Quinquagésimo oitavo dia

O dia amanhecia ensolarado e tentava seduzir a vaidade. Estiveram liberados os halteres e as escovas para homens e mulheres. Porém, nem todos aceitaram a possibilidade de o inimigo brincar com as danças acadêmicas, o troca-troca de aparelhos, o borrifar dos corredores de esteiras, o desafio ao cloro da piscina e com os pelos soltos no ar.

A estética seria mais uma máscara que não pudera enganar o desconhecido. O que decidia o afrouxamento estivera a bufar pela afronta de não ser apoiado majoritariamente.

Existia uma expectativa da sessão de cinema reservada com censura que estivera a mostrar algo o qual poderia mudar o rumo da história, o enredo de que o chefe do poder quisera interferir politicamente no órgão que estaria fora de sua alçada, todavia, eu não acreditava na completa exibição. Por um triz não se teria as imagens auditivas da fita que fora ameaçada de ser queimada tal qual outros arquivos. Os mosqueteiros palacianos estariam na sala vip a assistir a primeira sessão que poderia ser apenas um esboço de filme.

"A defesa da família" era o título fictício do que apresentava a sétima arte em mídia aberta para os seguidores do protagonista, entretanto, para os demais, fora uma longa cena denotativa titularizada como "Devastadora".

"Um por todos e todos por um

A fidelidade na corda bamba
Ou a verdade que assombra
O que se ouve, nada consta
E o que se vê demonstra

Houve rigidez na voz que locuta
E morosidade na que escuta
É de direito a escolha
Perdurar ou retirar-se da bolha

A espada de banda é a jura
Que amacia as três criaturas
E ameaça outra cabeça
Caso nada aconteça

É a coragem do que se intima
À beira do mapa da mina
O oficial que se demite
Sem medo da trinca de elite."

Quinquagésimo nono dia

A cada dia subíamos na tabela dos países mais vitimados pelo ignoto.

Elevaram-se a crise sanitária, a econômica e a de informações. O direito de ir e vir era mal entendido por parte da população, a que seguia a ideia de não se isolar, entretanto, havia restrições não conhecidas que garantiam as imposições dos protetores da vida.

A ciência era o maior esforço para evitar o epicentro e o seu empirismo estava sendo executado arduamente pelos racionais inatos que sempre exercitaram suas mentes em prol do conhecimento. Eu sentia muito pelos que o descartaram, pois acreditava que vivemos sob o poder científico, estamos sempre a buscar a verdade por meio de nossas próprias experiências, pudera pensar nos cientistas da mata que se tornaram curandeiros de seus povos por conhecimento e testagem de suas ervas que originaram a enorme indústria farmacêutica. As mentes sempre ociosas desconheciam a razão e consultavam seus oráculos a ignorar os tubos de ensaio e a crer nos profetas da politicagem.

Um debate em meio a uma grande batalha de preservação da vida foi priorizado pela mídia que vestia a camisa da oposição a mostrar a cada instante o descontrole do alvo que não se importava com os dardos. O relevante assunto era a publicidade, um princípio que dimensiona o tamanho da cidadania. A transparência total de anteriores conversas que confirmariam um possível crime do líder da nação estava sendo discutida pelos editores mentais de uma poderosa facção.

Em letras pequenas no rodapé da tela gigante, passeavam os números tristes da mortalidade que crescia como os votos dos programas televisivos de realidade, a nos assustar. O homem talvez tenha sido o culpado daquele triste cenário, pois em busca de suas ambições esqueceu-se da logística de proteção da humanidade que é investir na sustentabilidade da Terra, destruiu-a parcialmente e na fatia que lhe resta assiste à festa do retorno, o mais cruel dos castigos.

O mundo chegava ao limite e, naquela tarde, chorava pelos que partiram e aclamava em silêncio pelo livramento dos meus.

"A ciência

Se não houvesse a ciência
O tétano se espalharia
A sua barriga cresceria
Sem feto

Não haveria cepas em seu corpo
Não imunizado
Um organismo sem defesas
Como o de um animal desvacinado

A mão destra tremeria
Os holofotes a se apagar
Não se ouvira o som do alarme
E a sua linha, linear

Existiriam mais óbitos que vida
Seria óbvia a morte
A sua contagem seria esquecida
E seu mundo entregue à sorte."

Sexagésimo dia

Um país nórdico com dez milhões habitantes e de infraestrutura invejável não foi uma boa comparação para o líder que insistia no isolamento vertical. Sua ciência não era exata, pois proporcionalmente houvera muito mais mortes durante o período de afrouxamento da política de distanciamento social, o porquê de voltar atrás e aceitar a quarentena. Um povo constituído por uma vigésima primeira parte do nosso tivera a condição de todas as pessoas serem testadas, o que seria uma estratégia perfeita contra o avanço do inimigo, e mesmo assim teve um resultado catastrófico para os que possuíam uma completa garantia de saúde.

O minha Cidade Maravilhosa estava a ser massacrada, ultrapassava a soma de vários países europeus em números de mortalidades e um morador ilustre do local continuava a insistir em liberar serviços que para ele eram necessários, o que não pensava a maioria dos governos.

O dia estava a ser agitado, iniciava-se com uma medida de autoproteção e terminava com o encontro entre a mão e o cotovelo. Um armistício seria talvez somente uma pausa na disputa de poderes e um episódio de pacificação surpreendia os especialistas que estavam a tratar de outros assuntos paralelos, os quais alimentavam polêmicas num jogo ao vivo de apostas. Um forte abraço era filmado silenciosamente por alguém contratado para divulgá-lo. Nesse ritual, os ombros se uniram enquanto a parte mais abaixo do corpo ficara totalmente afastada, o que determinara a falta de intimidade. Era o movimento mais sem graça e que não geraria nenhuma conexão.

Mas o que me chamava a atenção naquele dia tumultuado foi um grito de guerra via vídeo conferência contra o que governava o lugar pleiteado a ser titular: o Estado do Futuro. Eu não me surpreenderia se depois da guerra houvesse um pedido de desculpas a toda população arrastada para o caminho dos abatedores, um vale estreito de uma cidade antes uma mata de grotas largas.

“Selva de pedra

O que era mata virou pedra
Os rios e suas águas usadas
A virar asfaltos e latrinas
Águas impuras e escoadas

As nascentes dos rios a vanescer
Os nativos a não mais se banhar
Nas fontes de águas limpas
A seus sais renovar

Guiadas pela praga do capital
Dragas gigantes a aplainar o sítio
Basculantes a despejar barros
E ao redor betoneiras a dançar

Nascia o piche, o cimento e a brita
Arena dos pegas dos pivetes
Que antes eram os rios
Dos nados dos moleques

E no subsolo, as pepitas de ouro
A misturar-se ao excremento
Em direção ao sumidouro
É o despacho dos apartamentos.”

Sexagésimo primeiro dia

Mais um soldado cientista oficial desertava durante a guerra. O seu posto fora relâmpago e caía como um raio a rachar o tronco desprotegido da árvore do planalto. O motivo da fuga seria o desacordo no uso da roleta russa nos revólveres de cloroquinas, o que poderia poupar vidas ou tirá-las. O desertor negava o perigo do absurdo e se tornaria mais um membro do grupo de risco da vanguarda, caso conseguisse escapar.

Acusado por alguns membros de tentar implantar uma carnificina na terra tropical, o seu grande chefe estava a queimar a imagem do país e os generais do mundo não o viam com bons olhos, ao contrário dos piores cegos que não queriam ver.

O bárbaro com seus poderes invisíveis avançava suas linhas. Um plano de guerra deixado pelo ex-combatente da saúde estivera a ser deixado na mesa do interino que chegava rápido ao posto, contudo, havia a dúvida: rasgá-lo ou executá-lo.

A minha cidade estava a caminhar para um caos na segurança pública e protocolos estavam a ser quebrados. Havia relatos de corpos atingidos por gotas de ligas de chumbo que foram carregados por moradores do complexo de morros.

Era doloroso perder mais um anjo que partira para o céu e ouvir a teimosia da má informação, do desconhecimento. Eu ignorava as palavras jogadas fora e lembrava os pândegos momentos de uma criatura que sorria para a vida a sempre jorrar alegria a nos contaminar. A cada colherada nos pratos dos pequeninos alunos do gueto havia um olhar cuidadoso e no dia internacional da família, ela nos deixara a simbolizar o brilho da solidariedade.

"Um anjo de Deus

Os anjos, Deus leva para si
Os chama
Toma-nos
E acende a saudade

Uma sensação que não se apaga
É uma luz eterna
Que nos alumia
Como uma bela poesia

No paraíso entre as flores
O sorriso da rosa
Exala o odor que cai
Sobre o seu jardim

Sementes que brotam..."

Sexagésimo segundo dia

Deus quando criou a porção seca terra, antes criara o ar fresco e deveríamos fazer todo o possível para respirá-lo e sermos seres saudáveis a inspirar a substância salutar a vir das plantas, no entanto, o enchemos de bactérias e gases venenosos, tais como nossas mentes. O ar puro, preciosa dádiva, era o segredo da vida continuada. Contudo, contaminado, o ambiente que fora transformado em um campo de batalha precisava ser depurado pelas ações do próprio homem. O fluxo na área urbana seria difícil, porém, ele circularia nas ruas, sem atividades comerciais e nas praças, sem comícios. O mundo inteiro estava a perceber que o confinamento adotado tivera como resultado a melhoria na qualidade do ar graças à redução da poluição devido a menos transporte e menos produção.

Mas uma ordem emanada de autoridade superior decretava abertura de lojas na capital e contradizia o pensamento da maior parte. Todos que aflouxaram suas guardas para encarar o inimigo sofreram danos, inclusive aquele norte europeu do primeiro mundo citado pelo general como o grande exemplo de isolamento vertical que estava a encarar uma enorme recessão e mortes altas.

O ar era tão precioso naquele momento de colapso que havia respiradores mecânicos, equipamentos cruciais para salvar vidas, a ser disputado no mercado negro ou livre de licitações. As possibilidades de fraudes durante o enfrentamento de emergência da saúde pública caíam no colo dos corruptos vampiros que passearam por cima dos milhares de cadáveres para ludibriarem o povo mesmo, a saber, que a necessidade maior dos pacientes graves seria o leito com respirador. Vampiros do alto escalão da Secretaria de Saúde foram descobertos como executores da trama, porém, não se soubera do mentor da ideia satânica que assombrara a cidade.

“*Sanguessugas*

O alento do poder
É o sangue proletário,
O alimento dos vampiros
Que mamam o erário

A desejar o sumo
A praticar o dolo
A talhar o sonho
A mutilar o tolo

Os sanguessugas de sentinela
E seus afiados dentes
A chupar as goelas dos entes
É a torpeza

São servidos a eles na mesa
Com talheres de prata
Um vinho à francesa
E do leite de burra, a nata.”

Sexagésimo terceiro dia

Depois de algumas perdas próximas, eu me desprendi do assunto "pandemia" e contava passo a passo as travessuras de Asaph e os lindos passos entre os cones de Maria que eram imitados pela rolinha-roxa que a seguia nas idas e vindas da cozinha de sua mãe. Era uma parceria da gastronomia carioca com a mineira e nunca podia faltar o frango, a couve e o angu. A forma que seria feito o almoço não importava, o relevante era que os três ingredientes estiveram sempre a fazer parte da nossa quarentena como reforço para aumentar a resistência de todos.

Toda vez que se ouvia a voz aguçada a entoar um pedido de comida, era a hora de arrumar a mesa ou o pequeno chefe iria começar a agitar o ambiente a tentar escalar a pia e o fogão. Ele era sempre o primeiro a ser servido e o último a terminar seu prato repleto de carne picada, a qual dava prioridade a degustar. Os seus beiços estavam a ser castigados com o excesso de limonada e para fazê-lo ingerir o feijão e o arroz, tivemos que lhe prometer o famoso suco de Danone, o nome que ele dera à jarra de iogurte.

Satisfeito, Asaph sentava frente à televisão de cinquenta polegadas na sala e pedia o canal Discovery Kids a esbanjar seu inglês tão corretamente que era impossível lhe negar a ordem do patrão.

Mais tarde, era a hora do programa predileto de Maria Alice e mais uma vez cedemos o seu sumo predileto para que o espertinho fosse assistir aos desenhos em nosso quarto. Ouvíamos seus escândalos de risadas, mas não poderíamos fechar a porta e de repente numa velocidade de um trem bala surgia Asaph com o lençol da cama sobre os ombros a voar sobre o sofá e pousar entre nossas pernas entrelaçadas.

— Vovô, vovó, sou um super-herói desajeitado que não sabe voar.

Dizia o menino de apenas quatro anos de idade que possuía uma notável capacidade de letrar.

Ao entrar a noite, no canto da sala, o travesso cobria com seu corpo agachado os seus rabiscos na parede e desprezava uma reprise desenhada na tela e para mudá-lo de ideia, foi lhe oferecido a mesa de jantar e uma folha de papel sulfito. Ele subiu na cadeira e elegantemente mostrou sua destreza a grafar um grande "X" na lauda inteira, o que nos levou a tentar interpretá-lo. Alice matou a charada e Asaph confirmara:

— Eu vou pregar o papel lá fora no portão para o coronavírus não entrar na nossa casa.

Confinava-me, depois dessas emoções, na escuridão do meu aposento à procura do meu sono e quando a porta se abriu, a luz se acendera e a voz do menino disse a mais inusitada mentira:

— Vovô Pico, o monstro vai ficar preso dentro do espelho se a luz apagar.

"*O protetor*

No silêncio da noite, eu
A cada, havia uma demora
As imagens do dia
Os que foram embora
A lua tão distante
A observar a minha melancolia
Sabia do meu instante
A me confortar
De repente o ruído da porta
Corta a outra dimensão
É um menino a entrar
A me trazer de volta a ficção
A palpitar que no espelho
Deve o monstro entrar
A me fazer dormir
Quando a luz se apagar."

Sexagésimo quarto dia

Apesar da posição privilegiada do topo do morro, o comandante não utilizava de uma boa estratégia para o embate. A sua tática não funcionava, pois o plano traçado pelos seus comandados era manchado pelo seu ego inflado, ele insistia em uma artimanha para sua própria sobrevivência, mas nem todos seus subordinados foram a favor da imunidade de rebanhos e uso de uma droga inconfiável. Seu belicoso comboio o aguardava na parte baixa e literalmente lhe estendia a mão. Não arriscava ser bombardeado e dera um tiro cego a indagar que não vira nenhuma arma diferente capaz de ferir a democracia, contudo, no meio do seu arsenal, continha berros de alguns militantes que dispararam contra a soberania do povo. O uso dos cartuchos de balas de sal de quirino, a droga do chefe, estava a ser discutida em todas as partes do mundo por grupos com maiores recursos e dados contaram que nada se alterava na quantidade da mortalidade dos feridos pelas carabinas de gotas.

Um ex-soldado obtivera segredos do "01" e os espalhava no ar para que a verdade fosse investigada a impedir a sua jornada. Era mais um que mudara de lado a ser chamado de traidor. O alcaguete que antes cedia sua residência para a ascensão política do capitão pedia proteção à oposição e um tanque alviazul blindado guardava sua morada.

O inimigo pandêmico não via a hora de visitar a assembleia de felinos citada antes pela premiada ave gigante engolidora de pedras a se copiar no corpo dos parasitas que sugam os catadores de moedas.

“A *Casa de Papel*

Na casa branca de papel
Com telhado de vidro
Onde cai dinheiro do céu
Nas mãos da máscara de buço

A catapulta lança a pedra
Que quebra a vidraça da turma
E o que se estilhaça
Atinge a furna da onça

E na casa de madeira
Com telhas de amianto
Onde chove a lisura
Há criaturas em pranto

A carabina lança as gotículas
Que invade as malocas
E o valor da cota
É uma partícula de esperança.”

Sexagésimo quinto dia

Não teria como saber o número de pessoas alcançadas pelas garras ocultas do inimigo. A subnotificação poderia abafar um valor enorme do verdadeiro desastre. Havia pessoas adeptas ao achismo que distribuíram comentários pobres sobre o mal que nos atingia a nos dizer que os dados eram mentirosos, pois caíam na conta do invasor outros milhares de óbitos e que o chefe tinha sempre razão a esquecer de que o subordinado não era obrigado a cumprir ordens manifestadamente ilegais.

Um suspeito de ferir a nossa sociedade representou algo grave contra o elegante administrador do estado da cidade aglomerada a suspeitar de dígitos acrescentados na contagem dos extintos. Era mais uma estratégia e que foi acatada pelo imortal órgão público. E mais uma vez eu torcia pela lição nos patifes, fosse réu, fosse acusador.

Outro assunto do dia era sobre a pasta da saúde que ficava verde, pois alguns militares receberam méritos a ser nomeados para dirigirem altos escalões a ter a primazia de atuação, o que deixava os oficiais mais conservadores a desaprovar o ato. Seria uma ruptura do perfeito trabalho dos três vértices da nossa segurança nacional e caso o resultado do uso da droga desejada fosse uma catástrofe, mancharia a imagem preservada da instituição.

Uma reação adversa de alguém levemente ferido poderia ser um resultado culposo, a ignorância do assinante poderia levá-lo ao óbito e aumentar o número que eles tanto contestaram. Qualquer médico que assumisse a cadeira de mediador da saúde talvez não tivesse a intenção de ferir o Código de Ética Médica e este seria a pedra no coturno do oficial mor da nação.

Enquanto em nossa terra, tinha uma divisão de conceitos sobre quem estava a nos abater, no outro lado do mar do Atlântico, os lusos tiveram medo de voltarem às ruas, o que provava o sucesso do combate ao obscuro assassino internacional.

Eu possuía a convicção que estava a fazer a coisa certa. Estivera confinado a ser mais um elo da corrente dos que preservaram a vida, observava a contenda dos odiados e chegava à conclusão de que o sacrifício era algo inútil e que todos mutilariam seus próprios sonhos por deixarem suas mentes vulneráveis à tomada da busca constante do prazer.

"*Os odiados*

Na guerra todos se odeiam
Não há vencedores
Existe a derrota,
O troféu dos atores

As ideias se apagam
À faca, o povo se atraca
Corta-se a unidade
E há mortos na maca

E o que sobeja no campo
Não se festeja
É a reles ferida.
Sem vida, sem bolsa

É a chance da seita
Que assiste ao confronto
No ponto de encontro
A colheita do ouro."

Sexagésimo sexto dia

O desejo obsessivo do chefe estava a ser contemplado e criava uma expectativa do resultado da dicotomia: vida x morte.

"Quando se tem uma multidão sob sua responsabilidade, o optar pela vida é cuidar do outro e a recíproca se tornará verdadeira".

A ressalva do processo de iniciação do uso da droga era a sua não eficiência, portanto, abria-se o caminho para os testes nas cobaias que, caso sobrevivessem, não se saberia a verdadeira razão. O protocolo das letras de fonte miúda era como a retórica dos falsos médicos do velho oeste americano que ofereciam os óleos de cobra milagrosos para a cura de qualquer tipo de mal. Nunca fora de praxe a assinatura de uma permissão para um enfermo ser medicado, salvo a imensa periculosidade do procedimento. Pacientes que foram golpeados levemente autorizaram a ingestão da droga e não se sabia naquele tempo de guerra a sua eficiência, mas, sim, a certeza do risco de morte, pois mesmo com reestabelecimento do indivíduo nunca se soubera a verdadeira causa do recobro da saúde.

Naquele ínterim, uma personagem feminina contradizia a arte confinada: uma viúva a posar ao lado do fantasma de seu companheiro representava a pobre menina que sentia saudade dos seus a abandonar o cenário. A cultura que estivera inerte durante a peleja não precisava ser o foco das atenções, bastava a antítese de ser somente a expectadora da arte da guerra.

A literatura explodira a narrar os fatos em prosa e a traçar estrofes da natureza que descansara dos ataques nocivos do homem; o teatro silenciava e o seu palco dava lugar à escuridão; a dança e a música eram companheiras solitárias nas varandas, nas salas, nos quintais; a pintura não poderia se exibir nas galerias dos nobres; a sétima arte alcançara temporariamente o seu destino a invadir as Salas Vips domiciliares por meio das fibras e a escultura ou a arquitetura estava a lapidar o busto do anti-herói, o trovador das cantigas de escárnio.

“A oitava arte

A arte é intocável como a lua
Que se movimenta lentamente
O intérprete da tricotomia
No mundo semiótico da mente

Há a arte do sarcasmo
Nas cantigas do trovador
Na pintura do asno
No cantar do ator

Há a arte da ironia
Nas máscaras de pano
No grafar da poesia
Na escultura do insano

Há a arte dos cenários
Nas montagens do tema
Na escolha dos templários
No teatro da cena.”

Sexagésimo sétimo dia

Enquanto as bombas do inimigo eram detonadas em nossa nação, o pós-guerra era a preocupação dos jovens que galgavam um lugar na cadeira pública de nível superior. No dia anterior de tantos acontecimentos, surgia no senado uma votação que dera aos candidatos sem o recurso da tecnologia o direito de brigar de igual para igual na luta pelos seus sonhos acadêmicos. O resultado não nos assombrava, o que nos deixava surpresos fora o placar elástico de setenta e cinco a um e o voto de honra a ser assinalado pelo número "um" do chefe que ignorava a quarentena.

A desigualdade da educação em tempos de pandemia era um assunto muito relevante que deveria ser tratado com mais atenção, não seria apenas adiar uma prova. O problema não estaria diretamente no acesso dos alunos, pois o aparelho de telefone transformara-se em um acessório indispensável do ser humano, todavia, o governo nunca soube utilizar os instrumentos chaves para um bom ensinamento.

Em um encontro de boteco houvera o repeteco de uma falsa transparência. Em vídeo conferência com falas de promessas ao auxílio regional, o chefão se enrolava em algumas mensagens, porém, dera tréguas a alguns inimigos que passaram batidos em seus pedidos. O mais novo adverso do comandante pedira paz e simuladamente o elogiava a não perder seu donaire a ser breve. Um de seus aliados que governava um pedaço valioso do centro-oeste o bajulara a convidá-lo para o Vale dos Dinossauros e o futuro visitante dissera em entrelinhas que iria com a armadura coberta do "suco que Adão comeria" a proteger a sua cabeça das pedradas dos opositores.

Outra pauta discutida coerentemente pelo condutor fora o pedido de apoio ao congelamento dos ordenados dos que não fizeram mais que suas obrigações tanto na frente da batalha ou na retaguarda. O mais importante era vencer o terrível inimigo e não haveria a necessidade de colocar moedas no bolso público durante o tempo que a sacola privada estivera vazia. Uma frase feliz, finalmente, durante uma trégua entre o executivo e o legislativo:

— É o remédio menos amargo

Menos mal para um país que ia na contramão tanto no combate à pandemia quanto na gestão da Educação.

Celebrava-se o dia do profissional de Letras, eu me orgulhava dos meus escritos da guerra que ainda não terminava e chorava ao ouvir som soturno da cura tocado por uma orquestra formada por musicistas de doze países que tentaram das suas regiões combater o vírus maldito, em um ritual que representara a batalha mundial contra o inimigo mortal.

"*Vagas*

Uma saga para vaga
Cavada desde a madrugada
É o povo sendo calcado
Pelos criadores do nada

Nada acontece desde dantes
A nos querer ignorantes
Não nos permite avante
Desejam nossos lobos

E que nossos pensamentos travem
E que a trave rebata os sonhos
E que andemos a vagar
Sobre os destroços do lar

É a vontade da banca
Que ora manca à direita
Ora manca à esquerda
A nos mutilar."

Sexagésimo Oitavo dia

No dia em que se antecedera a uma frente fria, fazia dois meses que eu não saía de minha residência. Resolvi escudar Maria no caminho do pequeno mercado. Passava-se de vinte mil o número de famílias que derramaram lágrimas em todo território nacional e uma cena me incomodava: eu aguardava Alice dentro do automóvel a utilizar o meu kit de proteção e filmava os seus passos lentos e alongamentos a catar os alimentos nas gôndolas gigantes; jovens transitavam pelas calçadas desprovidos dos panos de rosto que o aparelho locutor alertava a cada minuto e entravam no ambiente comercial a calcarem a conformidade como se nada estivesse acontecendo, o que me deixava nervoso ao ponto de socorrer Maria; um cidadão pertencente ao grupo de risco invadia o interior do refrigerador vertical e manuseava várias latas de cerveja a introduzir em outras, jatos do seu bafo. Eu quase caí na provocação, todavia, Maria e sua sabedoria me arrastaram levemente de volta para o nosso transporte e retornamos camuflados e temerosos com a sociedade doente e iminente à grande tragédia.

Seria cultural a teimosia do povo que acostumara a ocupar as beiras da sociedade e naquele momento o processo de educação se tornara impossível. O não conhecimento de causa do assunto que poderia eliminá-los fizera com que aqueles indivíduos agissem por conta própria e a única forma de se defender seria afastar-se o mais rápido, a criar um inevitável preconceito social.

Os bares que receberam a visita do maldito invasor estavam a ser isolados e eu pedia a Deus que tivesse misericórdia dos dependentes de suas drogas psicotrópicas.

Na entrada da garagem, os inocentes assintomáticos garotos disputavam o cortar de suas pipas que bailavam e corriam pelas ruas a escalar os muros na tentativa de retorná-las para o ar. Ao adentrar em nosso espaço, em ritmo de paranoia, retiramos nossos calçados e nossa vestimenta a correr para tomar um banho saudável com excesso de espumas afrodisíacas. Era a volta ao nosso forte e existia uma certeza de que estávamos seguros, pois havia os pássaros puros a nos saudar e o menino sadio que interessadamente ajudava na arrumação da despensa a separar o seu biscoito de vaquinha.

No entrar da noite, eu, esquecido daquele clima de insegurança, caminhara mais uma vez em volta da casa a criar frases sem rimas e com estranhamentos para que os pensamentos fossem diversos no mundo dos leitores de minha literatura.

"*Pragas*

O mundo está cheio de pragas
Espalhadas no vácuo, no ar
Não adianta tapar a bocarra
Se os olhos não podem fechar

Que abertos assistem de perto
O vingar da mazela
A pousar livremente nos bares
E nos becos da favela

Vê-se o vulto da morte
Ao redor da necessidade
O pobre a contar com a sorte
E o rico conta a mortalidade

Há outra doença que mata
A ferir a alma da pobreza
É o penhor do pobre
Que não come na mesa."

Sexagésimo nono dia

Em mais um sábado sem Shopping Center e resenha das peladas, eu sabia que se batera o recorde de bilheteria do filme tão aguardado: "A tertúlia do 22 de abril". A sinopse falava de uma reunião em um quadrado cercado de garçons e câmeras a testemunharem as trinta e quatro palavras de baixo calão do poderoso chefão no meio de tantos desabafos e do confirmar da versão de um ex-oficial a mostrar a frase dita, ao olhar nos olhos do acusado no momento da ameaça.

Os críticos por meio da imprensa bateram muito na tecla sobre a liturgia do cargo que não admite palavrões e os expectadores discutiram a dividirem mais uma vez no ataque e defesa do líder. O evento não alcançava a expectativa do público que esperava um final marcante com uma grande catarse para que se pudesse lavar a alma. Os personagens da realidade se sentiram à vontade como a Educação que chamava todo o supremo de vagabundos; o defensor da criminosa grilagem que contradizia o meio ambiente sugerira o passar da boiada a derrubar os troncos da mata; a Família afirmava que fora construído uma hipérbole de ações contra os que aprisionaram os marginais da sociedade; a Economia declarava com perfídia que atura o seu melhor comprador e que um dos nossos maiores patrimônios estava à venda; o condutor do encontro atingia o tucano e o juiz a chamá-los chulamente de bosta e estrume.

A bandeira fincada no terreno tivera as cores verde e amarela com o brasão da família impresso no centro, o desenho de várias canetas revólver sobre o livro sagrado que representava o símbolo da soberania.

No final da sessão do dia passado, o próprio protagonista saía do mundo da fantasia e revelava que houve tiros de festim nas cenas exibidas a não feri-lo e que sua cabeça estivera a prêmio ao ponto de ser plantada uma armadilha em sua furna.

“A tertúlia

Num encontro não secreto
Esqueceu-se a pandemia
E no lugar do mesmo teto
Prevaleceu-se a hipocrisia

A Economia soltava as letras
A querer a pátria vender
À boa freguesia fazer caretas
A colocar tudo a perder

Chorava o meio ambiente
Ao ouvir o ‘passa a boiada’
Era a fala do impaciente
O da conduta investigada

O líder era o rei do esculacho
Que xingava os opositores
Ao riso dos capachos
E as piadas dos seguidores.”

Septuagésimo dia

O inimigo era invisível a ser passageiro e apesar dos ataques fulminantes, o mundo se livraria a retomar os seus hábitos, mas de forma diferente devido às várias reflexões e lições da guerra. Entretanto, um antagonista visível nos fulminava lentamente a desviar o foco para uma segunda batalha e brilhantemente se aproveitava do caos que o outro, a corrupção, criava para executar sua maior função, a anomia social nos indivíduos.

A imprensa que tem o dever de participar a divulgar os fatos reais perdia o foco da pandemia e se entregava totalmente no assunto político das interpretações a deixar de lado a pausa da negociata.

No norte, uma loja de vinhos fornecia respiradores espumantes para os hospitais da cidade da floresta; no sul, a terra dos contrastes que a tornam linda e saudável resolvia adquirir ações de combate a baratas, ratos, larvas e outras pragas no valor da casa dos milhões para limpeza do porto; no nordeste, a rainha do agreste distribuía milhares de cartilhas a centenas de moradores patrocinadas pelo dinheiro desviado da saúde; no sudeste, o grande estado abusou na compra de milhares de respiradores do nosso maior vendedor de feijão preto e a minha cidade que não ficara atrás usava de sua Secretaria de Saúde para dar continuidade ao que era de praxe.

Como um pássaro gigante, o líder sobrevoava o seu cardume de tubarões imunes da enfermidade e os admirava a aterrissar no palco terrestre e caminhar meio tempo no corredor brasileiro, onde aconteciam beijos e abraços. O mau exemplo do ídolo em insistir naquele tipo de procedimento, de juntar-se aos aglomerados fãs no momento de isolamento social, levava-me a pensar no desviar das atenções ao massacre satânico, enquanto a bandidagem fazia festa com os haveres da fazenda.

"Antiga é a corrupção

Corrupção, a quebra do coração
É plantada no homem
Que tem nas mãos o poder
A ferir a constituição

A pobreza não se corrompe
Pois não há nada a oferecer
É apenas uma ferramenta
Para a riqueza ascender

Quanto mais se lança o lance
Maior é a oportunidade
A chance de tirar proveito
Dos haveres da cidade

Desde o tempo dos escravos
Que há a peita dos governadores
Eram os réis que molhavam
As mãos dos mercadores."

Septuagésimo primeiro dia

O sol saía antes do meu levantar e secava o caminho para que eu pudesse fazer alguns exercícios matinais e expectorasse a leve secreção que me incomodava. Olhava para o céu e observava apenas as aves negras a sobrevoarem próximas às nuvens. As naves não trafegaram mais sobre as nossas cabeças e até o menino Asaph percebera.

O número de atingidos pela artilharia do inimigo chamava a atenção do mais potente do mundo que proibia a entrada de todos os passantes de nossa terra que quisessem retornar. Aquilo seria um sinal de alerta para que pudéssemos entender o quão era importante se dar a total prioridade a pauta da pandemia.

O fato de transferir a responsabilidade do afrouxamento da guerra para as pontas que administravam os pequenos lugarejos me fizera pensar que o povo pequeno estaria a fazer o papel da grande cobaia. Eu tivera o conhecimento que uma das minhas cidades vizinhas da baixada fluminense abriria o comércio. Pedia a Deus que cuidasse dos moradores que estavam a correr o risco de serem atingidos pela rajada de partículas do atirador que dera uma pequena trégua, mas que retornaria quando sua poderosa luneta lhe mostrasse a feira livre.

A mídia pecava em um assunto que me importunava, a insistência do caso político que envolvera uma fala inadequada do chefe. Os seus editores cometiam erros infantis na elaboração de perguntas absurdas a um exímio conhecedor da lei que se calava sabiamente durante a batalha a não externar suas verdadeiras convicções quando se encontrara no meio de alguns homens desenfreados que mal percebem que as rosas existem. A ironia figurava os mais plumitivos funcionários de contratos longos que tentavam encher linguiças a nos apoquentar.

Contudo, eu ouvi algo que sempre esteve no meu pensamento: a pronúncia do médico relâmpago que dissera do seu total apoio ao isolamento seletivo que na minha visão seria coerente, mas impossível pelo número de testes por vezes de duzentos e dez milhões de habitantes.

Eu refleti que realmente não haveria culpados pela pandemia que por mais que houvesse estratégias, seria improvável vencê-la em curto prazo.

"A *audiência na guerra*

Não há culpados na guerra
Existe o que a vitória tenta
O homem que cava a terra
E aquele que se apoquenta

No meio de tantos óbitos
A tela mostra a politicagem
É a matéria dos insólitos
A mais fria reportagem

Uma imagem que se distorce
Sem ajuste horizontal
É o esmagar da sociedade
Na escala vertical

Uma liberdade que se expressa
A somar pontos da plateia
Um assunto que não cessa
A balbúrdia da assembleia."

Septuagésimo segundo dia

O estrondo de uma bomba no palacete ao lado do nobre salão olímpico alcançava os caracóis dos meus ouvidos e eu chegava à conclusão de que tão cedo não haveria uma folga para a dedicação total na luta contra a pandemia. O que pegava carona na carroça da família do grande chefe e alcançava o posto de um dos sub's estava a ser vítima do ódio mortal dos que o queriam enjaulado. A briga pelo poder desfizera amizades e ao mesmo tempo em que se buscaram provas nos discos rígidos e papéis manuscritos, outro amigo fulminantemente depusera na polícia maior sobre o caso que poderia colocar a casa inteira na berlinda. Um dos acusados daria continuidade à sina dos líderes presos por corrupção com apoio de suas primeiras damas. A sua defesa negava a participação da fabricação do placebo: "O nada que cura". O cumprir da promessa que fizera aos seus ouvintes quando estava sobre a carruagem aberta rumo ao Casarão das Laranjeiras fora anunciado.

O estrupo de outra bomba se ouvia a vir da beirada do antigo cais com juras sagradas da verdade. O condutor da charrete que levava o comandante para o auge do planalto e nas suas paradas estratégicas cedera o gramado do seu quintal, voltava a confirmar com mais força o motivo do abandono da caravana.

Tantas balas disparadas em todas as direções, mas nenhuma acertava o maligno que seguia avante a nos direcionar ao topo dos atingidos, pois alcançávamos o maior número registrado no período de um dia, mais de oitocentos abatidos. Era inútil enfrentar um inimigo tão misterioso e furioso que, segundo alguns estudos, poderia sofrer mutações a se acalmar contra a humanidade. O desejo de todos seria que a sua identidade fosse descoberta e que ele aparecesse exposto sobre uma mesa para que se pudesse estudá-lo detalhadamente.

Outras coisas vieram à tona como uma matança impecavelmente executada. A apuração que estivera sob o poder local estava prestes a ser transferida para o âmbito federal e aos defensores do símbolo da cidadania restava apenas aguardar a decisão de um tribunal autoritário.

E aquele lugar encostado na arte do asfalto ficava marcado pelo fato social comum que dera partida a novos rumos da marginalidade política.

"*A morte da arte*

Onde as artes estavam a se misturar
Aos talentos, dádivas de gargalhadas
E sobre as mesas forradas de gargalos
Havia a alegria das letras espalhadas

Interrompida pelas rajadas de trabuco
Detonadas pelos perversos vagabundos
Que dominam o nosso mundo,
As nossas praças

E há dois corpos sobre os prismas de pedra
Que rodeiam o largo a entristecer a noite
Anfitriã dos nossos sossegos
Que chora a cada tiro do açoite de chumbo

E a arte morre naquele lugar..."

Septuagésimo terceiro dia

Uma máquina de mentira estava a ser investigada pela polícia maior desde o início da manhã nos lares dos criadores de cenas. Houve vários juízes que foram atiçados pelos comparsas do comandante que comprava uma requesta gigante. A ira do magistrado que conduzia o inquérito era elegantemente declarada nas suas atitudes corretas de defender a casa que protege a carta magna a dizer que "a liberdade de imprensa não é construída por robôs".

Um bando composto por um conhecido condenado e o dono da fachada da casa branca era alvo de uma operação junto a outros empresários, um novo episódio que era motivo para apostas virtuais de quem seria o vencedor, pois de um lado estariam os exímios batedores de martelos conhecedores da lei e na outra banda, os audaciosos colaboradores do trono. A liberdade estava a ser confundida. A expressão era livre até o limite do outro que não poderia ser ferido. O humor, as visões de mundo e as opiniões não eram condenados, porém, as agressões eram repudiadas e convocadas a se colocarem de joelhos diante da justiça.

O chefe do supremo mandava o recado publicamente que a instituição estivera vigilante a qualquer ameaça de agressões e defendia o veterano ministro que negava a presença de um rogado no depoimento de um delator.

O discurso de ódio dividia as pequenas sociedades, como a escola, o trabalho, os amigos e a religião: os que tiveram a responsabilidade de educar perderam a linha do princípio da moralidade; os companheiros de ofício se atracaram nas trocas de informações; os colegas de copo soltavam o verbo em prol da violência; os que louvavam publicavam baixas palavras a contradizer suas crenças.

Uma perda lamentável fora a despedida do cargo de um sanitarista que tentava caminhar no sentido da vitória contra a pandemia a ajudar a criar estratégias que avançavam com sucesso, mas que se interromperam por causa de um grande óbice, uma pedra no caminho.

“Pedras

No meio do caminho há várias pedras
Há várias pedras a caminho
No caminho das pedras há várias pedras
Pedras no caminho das pedras

Haverá sempre pedras no meio do caminho do
mundo feito de pedras
Pedras sobre pedras a caminho da idade da
pedra sem pedras no caminho
Pedras a caminho do pó

E Drummond diria:
“No meio do caminho tinha uma pedra”

Septuagésimo quarto dia

A liberdade de expressão fora tema da semana e o monstro atacava sem perdão a nossa sociedade, que enferma não tivera forças para se fortalecer, e seus homens entravam em conflitos a interpretar a carta denotativa tão bem elaborada conforme os seus interesses.

Era tão fácil a meia palavra escrita no ar das entrelinhas, uma liberdade de expressão para que bastasse para o entendedor. Eu poderia criticar o mundo inteiro por meio das letras. Seria livre para expressar sobre o amor platônico a escrever versos ambíguos de diversas interpretações. Traçaria o dia que uma andorinha entrou no meu quarto naquela casa "seis" do portal das artes de Paraty e me convidara para participar do ritual de danças que os pássaros faziam no ar, grafaria a beleza exótica de alguém que não se tinha como falar de seu sorriso, aquela bocarra esquisita e pintada de vermelho mate que engessava meus olhos. Eu não via bulhufas, somente o rosto fazia parte do gosto das frutas romanas e o mover dos lábios a mascar o nada era uma mania bizarra de soltar a guarda. Contudo, era tão bela, uma beldade incomum, uma beleza exótica, sem padrão nenhum. Era o que me encantava. Cantaria as maldades dos homens maus nas manifestações musicais, declamaria em praças públicas os dizeres libertos dos escritores barrocos que frente aos tribunais da inquisição satirizavam o papa e pintaria quadros assimétricos de diversos ângulos de imagem a ser expostos nas galerias de artes.

Desprendido das minhas expressões, eu diria que poder é o destruidor da harmonia. Essa influência dentro de uma sociedade surge de uma antropofagia política em que o homem devora o outro para que suas forças sejam ampliadas e se utiliza da liberdade de expressão para praticar injúrias contra aquele que ele considera o mais fraco, todavia, sempre há um patamar superior que o detona a retirar todos os seus valimentos conquistados no seu ritual. A arte derrota o poder a não tirá-lo do trono, mas a deixá-lo desarmado sem nenhuma possibilidade de censurar os artistas que se manifestam com argilas cinza, pincéis redondos, lápis de escrita, notas musicais, sapatilhas de ponta, cenas dramáticas e imagens cinematográficas.

Eu utilizaria um poema do satírico poeta Gregório de Matos, o Boca do Inferno, e com liberdade traduziria com uma intertextualidade o soneto:

"Soneto Caíba

Neste mundo é mais rico, o que mais assalta:
Quem mais limpo se faz, é o que mais defeca:
Com sua língua ao nobre o pobre seca:
O velhaco maior sempre tem fachada.

Mostra o patife da nobreza a carta:
Quem tem mão de agarrar, ligeiro peca;
Quem menos falar pode, mais seca:
Quem dinheiro tiver, pode ser Magnata.

A flor baixa se inculca por caíba;
Bengala hoje na mão, ontem plaina de peroba:
Mais isento se mostra, o que mais cuba.
Para a tropa do trapo vazio a riba,

E mais não digo, porque a Musa aboba
Em aba, eba, iba, oba, uba."

Septuagésimo quinto dia

O meu Rio de Janeiro ultrapassava a China no número de óbitos a não se ter a perspectiva da descida da curva. Fazia setenta e cinco dias de quarentena e não se conhecia ainda uma solução para que o mal fosse afastado definitivamente da nossa região carente de recursos humanos. A tristeza invadia o meu âmago a me deixar vulnerável as ações do inimigo, porém, Maria levantava o meu astral a me convencer que eu deveria continuar a acreditar no nosso amor, um presente de Deus que nos prometera abundância.

Eu precisava comprar meus remédios e estacionava meu automóvel frente à farmácia a observar as pessoas circularem no centro da pequena cidade. Um jovem desmascarado e embaçado que sentava sobre um latão de tinta a aguardar o seu transporte coletivo não parava de me encarar. Ele poderia estar a me confundir com alguém ou seria um sinal epifânio da minha mudança de rumo. O mundo não parava para aquele trabalhador informal que tinha suas narinas entupidas de partículas de massa corrida. A sua mão direita segurava uma espátula de guerreiro em seu traje de gladiador. A necessidade de se expor ao inimigo era um perigo maior que o meu que pertencia ao grupo de risco. O seu olhar em minha direção não se desviava, era como uma mensagem a ser decifrada. Eu não tinha coragem de pisar no asfalto, não soltava nem mesmo o cinto de segurança e o pisca alerta representava o meu silêncio. Não dava para disfarçar o meu medo, pois eu girava meia circunferência a mirar o movimento a ver outras cenas, mas a imagem do garoto congelava e eu retornava a fixar com mais clareza o retrato do rapaz que me abandonava a subir no degrau do ônibus a me cumprimentar com o balançar de sua cabeça.

Maria Alice sentou ao meu lado e imediatamente houve uma peripécia. O medo foi embora e a coragem brotava. Eu passava a crer no amanhã cheio de esperança e quando o mal abrisse uma brecha, eu lançaria gotas de amor e ternura tal qual a que recebera naquela tarde de raios frios do sol que estava a partir.

“*Epifania*

Durante a guerra há peões
Há o berro em silêncio
No olhar dos anfitriões da terra
E peripécias da arte

Os postes se mantêm presos
A ancorar os fortes
Que encaram a morte
E os preconceitos

A fome é ambígua
A matar ou dela morrer
É a razão do ato de bravura
E dos olhares de ternura

Há estranhos no ninho de pedra
Que revelam a epifania
A deixar claro o destino
E os novos dias.”

Septuagésimo sexto dia

A tragédia sanitária não possuía hora e dia para acabar. O autor do drama era desconhecido, porém, seu enredo foi escrito com um momento longo de purificação da alma. A pirâmide das necessidades humanas tivera o seu primeiro degrau escorregadio tal qual o pau de sebo do pobre com uma cédula presa no topo, o lugar que se chega por outro caminho, o rico. Os crimes de honra eram cometidos no meio de uma pandemia pelos ausentes da batalha que a cada dia destruía nossas vidas e a economia.

Uma guerra suja dentro de outra guerra que avançava a nos abater fizera com que oficiais de alto escalão fossem convidados a depor. Era uma fila de suspeitos nobres e o mais agressivo nas palavras utilizava o direito de ficar silencioso. A calúnia é o embuste que se conceitua como um ataque pelas costas do inimigo sem direito de defesa. O chamar de "Vagabundo" entre os microfones da mesa quadrada foi caracterizado algo a ser julgado. Encarar o adversário olho no olho como um boxeador na apresentação de um combate, não era para os covardes. Os livros e os cadernos deveriam estar envergonhados do seu representante que diante da polícia maior se calava ao contrário das falas empolgantes de ofensas. Sem nenhuma experiência pedagógica, o chefe da Educação colecionava episódios de sandices e barbarismo literário em seus textos orais. Aquele era o retrato de uma sociedade desorganizada. A sua falta de coesão era coisa antiga como o cidadão que outrora comandava a Aviação com somente a experiência de passageiro da primeira classe e contemporâneo à pandemia, vários setores da Saúde, Educação, Meio Ambiente e outros não estiveram à altura do cargo.

"Contra a honra

A língua que míngua
É molhada de insultos
São calúnias jogadas
A criar o tumulto

As investidas contra o homem
No delito que vem à tona
É a praxe dos estúpidos
Que beijam a lona

É o crime na lei penal
Atacar pelas costas
Sem direito de respostas
Mas convidado ao tribunal

A boca que infama se cala
Diante do martelo de madeira
Sem a coragem manter a fala
E com o medo de perder a cadeira."

No fim da tarde, o mundo capitalista, milionário e covarde lançava um foguete a uma estação espacial, como teste da missão rumo à lua simbolizando a desdenha da pandemia que atingira milhões de habitantes, a maioria negros, sem direito ao espaço.

"É o homem a ir além com desdém."

Septuagésimo sétimo dia

A cultura estava no fim da fila no retorno das atividades, entretanto foi a primeira a se isolar e se manifestara através de um espaço miúdo sem o público presente. O cenário de um espetáculo mudava a ser o próprio lar do artista que improvisava o palco na sua sala de estar. A luz do teto substituía os holofotes das mãos a iluminar o show. O guitarrista cedia a carreira solo a cantar a melodia do choro de seu instrumento, o bailarino exercitava seu corpo com o escopo de assistir o próximo, o fotógrafo expunha sua obra nas paredes sob olhar dos doadores de bênçãos, o cantor fazia a capela de suas belas canções e o poeta criava versos livres de saudades.

A arte, confinada, prometia uma grande exposição que depois que a tempestade passasse, exibiria o maior espetáculo da terra com entrada franca onde não haveria acepções de pessoas. A arte também era solidária a imitar a filantropia em ajudar os mais carentes sem tocar trombetas.

Maria desenvolvia o seu talento na cozinha e lançava ao fogo um combinado de iguarias do boi para o almoço, outro tipo de cultura que durante a quarentena estava a se desenvolver. A mesa fora forrada esplendidamente pelas mãos da artífice cozinheira a espalhar os pratos, copos e talheres ao redor da grande protagonista, a tão prometida buchada. A fervilhar, ela recebia a concha de aço inox do braço de Maria que me servia como um mancebo da nobreza a se sentir realizada com seu feito. O meu palato saboreava a arte culinária nas minhas garfadas destras e o meu esôfago a aprovava como um enólogo a contemplar o meu dia. A minha cama aguardava um corpo estendido e farto dos degustes de Maria que sorria a esperar meu sono para que fosse a guardiã dos meus pesadelos.

“A *arte*

A arte é um dom
Que se opõe ao mal
Desde o tom da nota musical
Até as cenas de cinema

A poesia é verossimilhante
Como os nossos sonhos
É a imitante do amor
Ao olhar do leitor

No tablado há o espetáculo
É uma ópera assistida,
O drama da vida
Numa peça de teatro

A vida imita a arte
A arte imita o amor
O amor imita a flor
E a flor imita a vida.”

Septuagésimo oitavo dia

Em alusão aos mascarados brancos americanos que lincharam e torturaram a liberdade e à serpente sem cabeça cruzada sobre outra que matava milhões de seres humanos, o grupo apoiador do chefe maior tornava praxe o primeiro dia da semana a se manifestar com gestos, bandeira e vozes. Como um apache "Cabelo Amarelo", o cacique percorria o seu território a cumprimentar os seus trezentos guerreiros que desejavam o escalpo do tribunal supremo e insistiram nos falsos atos a favor da democracia a conotar um pedaço da carta magna para seus interesses como se houvesse uma ambiguidade no centésimo quadragésimo segundo artigo que fora escrita numa linguagem totalmente denotativa.

Em outra localidade de pista larga de asfalto, soldados seus se manifestaram até que um adversário acostumado às guerras semanais que era composto por facções rivais se uniram a entrar pela primeira vez na briga a intimidá-los.

O domingo foi marcado por várias manifestações que foram de encontro à lei maior e ao seu guardião. Parecia uma tarde de decisão de campeonato mundial quando aqueles torcedores adversários se uniram numa só cor para defender o país. Talvez fosse o início de uma guerra civil que longe da polícia local poderia haver a possibilidade de pessoas serem abordadas na rua a ser executadas pelo fato de pertencerem ao idealismo da direita ou esquerda devido ao acender da fogueira, o discurso de ódio implantado pelo Chefe Mor que copiava as ações desembestadas do chefe da Casa Branca que escurecera.

Aparentava que todos os manifestantes eram imortais a vir de um laboratório que os vacinara contra a pandemia que tentava assolar o mundo, tal era a displicência no encarar das ruas. O próprio chefe poderia estar com o corpo fechado, costurado pelas agulhas negras ou pela passagem relâmpago do vírus que não se estacionava em seu pulmão.

“O surto da maldade

Nas ruas, há homens ocultos
A carregar chicotes da tortura
É a loucura dos fracos
Os repressores da ditadura

A esconder seus rostos
Como o carrasco inquisidor
É da liberdade o oposto
A linchar o labor

E o que mostrara a cara
Com as serpentes nos ombros
Aquele que pisoteara
A vida sob os escombros

É o surto da maldade...”

Septuagésimo nono dia

Em meio a tantos conflitos, iniciava-se a primeira fase do não confinamento da Cidade Maravilhosa que tivera em suas praias o furar individual das ondas do mar, o início de uma nova temporada dos atletas e as celebrações religiosas a contradizer o cuidado com a formação de ajuntamento que, mesmo se fosse por pouco tempo, daria ao lépido inimigo que estivera em alta nos seus ataques uma maior precisão. O resultado não era de imediato, seriam necessários alguns dias para que uma seletiva massa fosse testada. Era como se uma mancheia de ovelhas fosse lançada ao lobo solitário que trucidava suas vítimas a deixar escapar as mais saudáveis enquanto que os caçadores o aniquilassem. Seria sacrificar parte de um rebanho que produz a mais resistente lã em troca de uma alta produção de leite das jovens ovinas.

Eram imperdoáveis os acontecimentos torpes ao redor da pandemia a colocando em segundo plano, o que confirmava que a vaidade da supremacia valia muito mais que a solidariedade. Um retroceder à época antiga desde a origem do machado de madeira inquebrável do império romano a passar pelo movimento antidemocrático de um líder italiano a chegar ao tio das Américas que com o seu governo totalitário exibira o feixe sobre sua cabeça a querer intimidar a democracia com sua retórica mentirosa de reverência a Deus. A postura cruel e arrogante do empresário que se sentava na cadeira mais alta do continente americano era endeusada por alguns de seus seguidores brasileiros que não conseguiram interpretar a etimologia da palavra "fascismo" e sua história.

O nosso líder batia sempre no peito a dizer que copiava as atitudes do seu amigo a se queimar diante de seus próprios aliados, pois o que acontecia sob o olhar do planeta foi a ocisão a um ser humano de cor preta pelo poder branco e racista. O toque de recolher não foi respeitado e houve vários incidentes a culminar em mortes, todavia, houve uma contradição que sensibilizou o mundo: um grupo de policiais brancos a se ajoelhar diante da multidão liderado por um oficial negro.

"O símbolo do fascismo

A soma dos feixes
É o sinal do autoritarismo
Desde a hegemonia de Roma
Que decretou o fascismo

A traspassar os séculos
O martelo de lâmina nobre
Decepava os cabeças baixas
A mutilar os sonhos do pobre

Houve a guerra segunda
Que ressuscitou o déspota profano
Venceram, contudo, os aliados
E fuzilado foi o tirano

Hoje, é o machado de madeira
Que capina a mata
Por ordem do magnata
Que o mundo odeia."

Octogésimo dia

No oitavo dia de atividade mundial contra o racismo, um soldado negro de alta escala nomeado para dirigir um estabelecimento cultural desapontava a população a classificar o movimento negro como "uma escória maldita". Era como se um homem branco e racista tivesse pintado rosto de preto para se infiltrar no intuito de manchar a cultura afrodescendente e que o tempo revelava a sua verdadeira identidade. Não se entendia o seu ódio pelo símbolo da resistência contra a escravidão, entretanto, eu compreendia a sua postura, pois o discurso era o mesmo do oficial da Educação.

Somente o ventre é livre, pois o ser que se hospeda por quarenta semanas tem o mesmo direito de outro de mundo diferente, uma semente que nasce sem correntes a não saber que há lá fora uma casa grande branca que vai tentar escravizá-lo. A palavra liberdade é muito pesada e custosa para ser lançada das bocas da burguesia que dona do poder estivera a proclamá-la.

Aquele vocábulo estivera a ser considerado o mais impactante dito de forma correta e até mesmo em entrelinhas ou gestos como fora pelas maiores potências mundiais que estavam na rua a gritá-lo.

Infelizmente, a pandemia acentuava mais ainda o preconceito, tanto racial como social. Os mais carentes, a maioria negros e miscigenados, fizeram parte das vítimas fatais pelo fato de não serem assistidos pelo governo que nunca se importava com o saneamento e hospitais. Os hóspedes da enorme morada foram atingidos, contudo, havia uma suíte equipada de doutores que os assistiam a deixá-los imunes e fartos, enquanto que a senzala se reforçava com a sobra para tentar se salvar.

O quilombo não tivera líder, era formado pelos trabalhadores pobres e informais totalmente autônomos e livres que montaram suas barracas em feiras, praças e arredores dos castelos a servir a todos com a alegria de suas culturas regionais. Talvez fosse a falta de conhecimento do homem que não conseguia interpretar a história de acordo com o contexto da época a trazer para os dias de hoje a sua crítica abusiva. Estava a ser mais uma vez declarada a falta de coesão de um governo que distribuía cargos a aliados despreparados, como o do jornalista que não tivera a competência de um historiador da cultura negra.

As melhores histórias eram as dos negros que tiveram chance de vencerem os obstáculos impostos pela sociedade afortunada e preconceituosa a se tornarem exemplos de resiliência para o mundo que gritava:

"Não ao racismo"

"De Cassius a Muhammad

"Eu nego a guerra"
"Coisa alguma me foi feita"
É a voz do Nego,
Filho da terra

Cassada a sua cinta
Proibido de lutar
Mas a luta pela causa
Ninguém pôde vedar

Ali fora intimado
Pela forma de pensar
E ali condenado
A se nocautear

No ringue existem regras
Na selva apenas o matar
"Ali buma iê"
Grito dos fãs da América

A volta por cima da dor
Como um Galo de Rinha
Depenava o oponente
Na tutela da cor

E subia no palanque sangrado
O seu palco sagrado
E gritava para quem pudesse ouvir
"Não aos outros e Sim para si".

Octogésimo primeiro dia

No décimo dia de protesto antirracista, um funeral longo de seis dias era o mínimo de homenagem ao homem negro abatido com a mesma arma do protagonista da pandemia, um golpe fatal que impede o ser humano de respirar. Ao redor de seu corpo, houve coros a cantar belas canções no lugar de choros a tornar o ritual em um grande espetáculo de despedida. A sua partida dera início ao sujeito inexistente poderoso e sintático do "bastar" que despertava o povo do planeta a lutar pela verdadeira liberdade e respeito àquele que tem o sangue correndo nas veias tal qual ao dos seus opressores. O fato aconteceu quando de dentro de uma gota gigante, o policial branco chegava ao espaço do cidadão que lamentava a perda de emprego.

Arbitrariamente o vírus fardado oprimia o desempregado pai de família a se apoderar de suas células as infectando. A partir daquele momento, George não conseguia respirar, pois suas vias aéreas eram bloqueadas pelos joelhos covardes do racista malfeitor que parecia conhecer o método de asfixia nos animais. Seus pulmões começaram a sofrer danos devido aos sacos de ar de suas extremidades que sofreram uma congestão a impedir que o oxigênio chegasse ao seu sangue de atleta e fosse distribuído para o resto daquela massa corporal que intimidava os seus oponentes. Os pedidos de clemência não bastaram para interromper aquele processo de tortura e ninguém tivera a coragem de se colocar entre o peito estufado daquela farda suja de preconceito e o rosto que estava a se apagar.

A vida de Floyd importava para o mundo e as manifestações eram a prova. No nosso país, os manifestos eram pela defesa da democracia, contra o Chefe Mor e o racismo, que era colocado em último plano.

Depois que tudo passasse, eu gostaria de continuar a ver as mesmas cenas que assisti nas ruas onde brancos e negros se uniram em prol da luta contra o vírus do racismo.

“Livres?

Ventre livre para o inglês ver
Livres sem dores, o ser
Somente espasmos do parto
dos belazes amores

O ventre era sagrado
Posse dos brancos senhores
Gerou frutos miscigenados
Uma mistura de cores

Nasceram mulatos
Poetas do agreste
Escultores Aleijadinhos
Ministros mestres

Nasceu uma cultura
Uma própria identidade
Graças ao ventre
da Negra Valente

Livres das correntes
Sem chibatas, sem marcas
Belas, as mulheres
dos libertos ventres”

Octogésimo segundo dia

Em meu país, uma morte por minuto era resultado da ação fulminante do inimigo. Em alguns bairros do subúrbio carioca, os encontros nos bares eram inadiáveis e parecia que o álcool era o antídoto adequado para a salvação. Tudo indicava que voltava ao normal, existiam filas nas calçadas sem o distanciamento e as máscaras eram apenas um simples acessório caído sobre o peito. Os números não batiam com aquela tranquilidade, todavia, o público diminuiria, caso houvesse a persistência segundo os especialistas de guerra. Ignorar a matriz de risco seria o grande erro de estratégia e o povo o aceitaria sem ter a noção do perigo. Os tiros gotejadores iriam atingir os aglomerados a ricochetear naqueles que apenas obedecessem à norma de ficar em casa e o inimigo demoraria mais na localidade a querer se lambuzar dos corpos suados do evento e dos ociosos do confinamento.

Uma testagem dos indivíduos poderia resolver a situação dos pequenos locais a impedir que houvesse tal irresponsabilidade. O cúmulo da maldade estava a acontecer, pois as pessoas não se importaram em contaminar as outras. Eu testemunhava uma cena horrenda ao ver um jovem marombeiro de sorriso branco se aproximar de um idoso a lançar uma metralhadora de babas na direção de seus olhos durante uma espera de atendimento no caixa de uma loja de hortifrúti, o que me fez a igualá-la ao mesmo fato que aconteceu com o senhor que estava em estado grave após levar um empurrão do brutamonte das Américas e ter seu corpo ignorado pelos demais.

Restava eu torcer para que o atirador ficasse fraco depois de tantos esforços, pois varria o mundo inteiro com seus ataques fulminantes e um dia aquilo teria que parar. Uma coisa eu tivera a certeza, ele nunca seria erradicado totalmente, como os outros que sofreram mutações e voltaram menos violentos.

“*A morte do vírus*

Ele veio tão fulminante
A os bofes congestionar
Foi um massacre constante
A nos tirar o ar

Basta um pedaço de gotícula
A nos infectar
A atacar a primeira partícula
A se multiplicar

E cabe à defesa natural
Tocar o alarme da invasão
E para eliminar o mal
Há um plano em ação

É um exército da medula
A se manifestar
Que ao redor do alvo granula
Para o vírus se matar.”

Octogésimo terceiro dia

Houve a negligência da patroa que não teve o cuidado e paciência de acompanhar o menino a deixá-lo isolado no caminho da tragédia, o mesmo ato aconteceu durante toda a quarentena nas atitudes do Estado que nos lançou às ruas de modo leviano.

Um dos pecados capitais é alimentado pela preguiça do homem que não se anima a querer se concentrar naquilo que está sob a sua responsabilidade. Governar é saber conduzir o que lhe foi confiado, é como a mãe que não descarta o filho a querer guiá-lo dentro das normas da lei. Somos filhos da pátria, somos proletários em busca da liberdade e às vezes entregamos os nossos dependentes nas mãos dos patrões e somos surpreendidos pela falta do benefício da saúde. Muitos perderam os direitos durante a pandemia e foram jogados ao léu como mercadorias descartáveis que se transformaram em lixos aos olhos dos carros de luxo com máscaras vítreas fumê que passaram lentamente na via principal a observá-los. Contratos foram cortados nas redes municipais escolares, a ser lamentável as reclamações dos funcionários que sempre se dedicaram a conservar o ambiente público de trabalho e as merendeiras que serviam à escola com prazer.

Toda aquela calamidade social era devido à falta de planejamento do grande administrador que foi negligente, imperito e imprudente com seu povo que sofria danos emergentes e se tornava incapaz de obter o lucro cessante.

E o recontar dos mortos é o retrato do descuido do ser que aceita as investidas do perverso "id" para desmoralizar os entes dos que se foram. O impatriota literalmente estava a se escorregar, pois abusava das suas ações ao tentar se impor diante da mídia que dependia das informações dos óbitos, para reprimir os seus oficiais que o contrariavam e para satisfazer o seu ego.

“Impatriotíssimo

Está ausente o amor pela pátria
Que foras lindo um dia
Mas chegou a falsa profecia
E o sepultou

Desfizera-se na terra
A se tornar físico
Este sentimento cívico
Nos tempos de guerra

E para que o seu voltar?
Se não haverá mais o guerreiro
Há, pois, o satanás de cordeiro
Ao povo massacrar

O amor que não se enterra
É o da solidariedade
É a sociedade que berra:
— Vidas importam.”

Octogésimo quarto dia

O domingo amanhecia na capital com a expectativa da ruptura dos atos anteriores antidemocráticos que o líder da campanha solicitava aos seus aliados. Contudo, uma linha de frente seguia a caminhar literalmente em direção ao planalto, uma garrafa do mais nobre uísque entre o prato emborcado, onde se concentrara a esquerda a manifestar seus pleitos e o prato da direita, lugar dos desobedientes aliados do Chefe Mor à espera do carpaccio. Ele enviava sua tropa de soldados equipados com armas de choques dedicadas de projéteis de borracha que possuíam o mesmo efeito da cloroquina, ou seja, de tantos tiros certeiros nos indivíduos, haveria risco de morte, para evitar o confronto. Aquela intensa aglomeração contrariava as normas do local que proibia a exposição total do rosto dos cidadãos que circulassem pelas ruas, não a importar quem quer que fosse.

O mundo perdia o acesso a nossa contagem de vitimados e a cada dia eu via ordens a ser ditadas e ações autoritárias vindas daquele que piava o discurso que tínhamos vencido o fascismo e o nazismo na Segunda Guerra Mundial. A mesma conduta do Estado Maior estivera a ressurgir, pois milhares de pracinhas com equipamentos ultrapassados e sem treinamento foram lançados contra um inimigo arrasador que quisera dominar o mundo. Um monumento dos mortos estava a ser construído de forma simbólica pela nação que fora dominada pelos votos dos ludibriados seres que acreditaram na mudança.

Aquela guerra não acabaria, a cada dia aumentava a tirania dos burgueses que controlaram as chibatas nos lombos dos sujeitos.

"Manifestos

Muita gente sem colete
A caminhar pela esquerda
A encarar o cacete
No manifesto das perdas

O protesto de tantos pleitos
É um direito do cidadão
Que encara com o peito
As pancadas de bordão

E no cair à terra chã
É pisado pelo soldado
A obedecer ao clã
Que comanda o Estado

E a mão é estendida
Ao que combate o absoluto
E outra é oferecida
Ao que vive o luto."

Octogésimo quinto dia

A arquitetura do palácio do planalto me passava uma imagem de uma garrafa do mais requintado uísque entre um prato emborcado e outro à espera do fino carpaccio servido aos nobres senhores. O prato da esquerda literalmente pertence à classe pobre que não consegue acesso pela mesma rampa dos colarinhos brancos que se fartam da destilada água da vida e das trutas temperadas de açafrão.

E o manifesto do início da manhã realizado pelo pichador desconhecido fora derramar uma gota gigante de corante vermelho sobre a íngreme passarela a simbolizar a liberdade. Mas foi fácil remover o recado não nocivo da mesma forma que a prisão do manifestante que cometia um crime tão minúsculo quanto o envolvimento dos frequentadores do Paço Imperial. Na fase de cogitação do crime, o homem descontente com as ações do planalto tivera a ideia de protestar contra o sistema que oprime os necessitados. A fase da preparação levava o indivíduo a buscar um latão de tinta moral para dar partida ao processo. A fase de execução foi quando ele jogava com coragem a líquida cor de sangue no local determinado. A fase da consumação dera ao cidadão a visão da prática ao ver sua luta ser esparramada pelo piso e paredes do caminho da soberba e o resultado alcançado foi os olhares estremecidos dos vitrores do castelo.

Em suma, a última fase, o exaurimento foi a relação das suas ações e as circunstâncias que determinaram o tamanho de sua pena. Aquele manifesto individual representava milhões de brasileiros descontentes com os poderosos residentes da casa grande que tinha sido projetada em um lugar plano e alto.

"O palácio

Entre ruas paralelas
No Palácio da Alvorada
Há dois pratos entre elas
E entre eles, a destilada

Onde se serve o da direita
As ovas do esturjão
E o emborcado da esquerda
Não recebe nenhum grão

E um vândalo picha a mesa
Antes da hora do almoço
É o escândalo para a nobreza
Que motiva o alvoroço

É a forma de um manifesto
Pela tigela vazia
O seu único gesto
Em prol da democracia."

Octogésimo sexto dia

Uma nova contagem do número de mortes não me interessava, o que me traria tranquilidade seria um empenho maior na luta contra o fulminante inimigo. Apesar da relevância do assunto, estivera claro mais uma polêmica para desviar o principal escopo.

Infelizmente, o meu país se tornava pária aos olhos do resto do mundo. Sofria críticas das organizações internacionais e do tio das Américas que nos avaliava como os que deram o pior exemplo de controle da pandemia a dizer que, se seguisse o nosso modelo, haveria um número vinte vezes maior de óbitos em seu território.

Outra infelicidade fora a exaltação do chefe da nação pela forma de combate do país nórdico de primeiro mundo que depois do desastre tivera a humildade de informar o seu grande erro de estratégia. O seu guru que morara no exterior lhe pedia socorro, que lhe fora negado, e explodia seu ódio nas telas de cristais com ofensas morais sujeitas a aumentar o seu número de processos por meio de cartas rogatórias.

Muitos líderes mundiais se renderam às orientações do mundo no enfrentamento à pandemia e o nosso comandante estava a ser considerado o pior líder. Muito fora da realidade, o mundo da fantasia dantesca não combinava com os fatos desastrosos que estavam a acontecer com nossa sociedade.

O que me deixara triste era testemunhar o descaso dos jovens da minha comunidade a desfilar pelas ruas como se nada tivesse a acontecer e adentrar nos estabelecimentos comerciais com a mesma displicência de literalmente cuspirem para o alto.

Eu chegava à conclusão que a atitude de um líder reflete nas ações dos seus discípulos que o seguem cegamente a não poderem pensar opostamente com medo de serem julgados.

“O *usurpador*

A imagem na parede de cristais
É do homem da capa
O que dessabe dos funerais
A ignorar o mapa

Aquele dos espinhos e laços
Nunca foi um bom soldado
Passou-se algumas décadas
E não teve nada projetado

A promover as contendas
O homem perverso peca
E a contradizer suas oferendas
O bolso do pobre seca

Quem usurpa nega a contagem
A respeito dos mortos
A verdade é uma miragem
No mundo dos votos.”

Octogésimo sétimo dia

No momento que em vários lugares do país testavam a flexibilidade da quarentena, uma declaração equivocada da porta-voz do grupo internacional de controle da saúde ficava no ar por alguns instantes. O tempo necessário para se criar "memes" a respeito da informação que o inimigo não era tão perigoso como o descreveram, pois foi passado para o mundo que os feridos sem sintomas não precisariam ficar confinados e, com isso, tantos dias teriam sido perdidos na vida econômica dos trabalhadores.

E o reparo da informação não impedia a má intenção dos defensores da imunização do rebanho que vibraram a endeusar o seu grande chefe que era obcecado pela aquela ideia. Os negacionistas soltaram fogos a lançar suas apresentações nas redes sociais a exagerarem em suas postagens a chamar os confinados seres de tolos. Todavia, a euforia durara pouco, pois o esclarecimento correto confirmava o estado atual das pessoas que seguiram a lógica de que existe algo muito devastador e sanguinário do lado de fora.

Eu continuava convicto que tinha que proteger minha companheira e utilizava o meu raciocínio lógico a entender que a probabilidade de ser atingido era grande e, caso eu duvidasse da ciência, deveria estar sempre atento à veracidade das notícias.

Fizera oitenta e sete dias que eu e Alice estávamos presos no quadrado de trezentos metros. Longe da máquina número "um" que quinzenalmente desmatava a minha cabeleira, os meus cabelos estavam bem próximos de receberem um pequeno rabo de cavalo, o peso do meu corpo aumentava alguns quilos, mas Maria Alice que dera folga ao seu completo salão de beleza não se incomodava a passar a mão maviosamente sobre minha cabeça, enquanto eu admirava ainda mais a sua mecha branca, a sua pele rejuvenescida e a rigidez dos seus membros.

“Freud explica:

Não mudes, não implantes
Tenha a atenção flutuante com a tua beleza
Deixe-a falar tudo que atravessa a sua mente
Permaneça com o teu encanto
O mesmo do primeiro encontro
Teus cabelos não se prendem em minhas mãos
Não é necessária uma quimioterapia
Teus olhos me convidam a te abraçar
Eles não precisam de lentes de contato
Tua boca pede sempre um beijo
E ainda está repleta dos seus dentes naturais
Teus seios ornamentam o teu decote
Pra que bolas de borracha?
São tão formosos
Tua cintura é como o meio de uma ampulheta
E não há tempo que a faça enquadrar
Tuas nádegas aprumadas
São bem-vindas ao fio dental
Que pernas porcelanizadas!
Nunca sofreram picadas
Teus pés excitantes ainda são capazes
De acompanhar os meus
Não mudes, não implantes.”

Octogésimo oitavo dia

No mundo, as estátuas dos cruéis colonizadores e dos comerciantes de escravos estavam a ser afogadas a simbolizar a liberdade da história mal contada. O relato da pandemia daqui a oitenta anos talvez seja narrado de forma diferente. Os heróis poderão ser esquecidos e os anti-heróis exaltados. Ninguém se lembrará da linha de frente formada por médicos e enfermeiros que estavam na dianteira dispostos a dar suas vidas para salvar outras. Não haverá o reconhecimento dos trabalhadores de transportes que tiveram a arriscada missão de entregar em mãos os essenciais produtos de sobrevivência. Nunca se ouvirá falar do menino que caiu do nono andar de um edifício de luxo, porque nada o tutelara a impedir que sua mãe levasse o cachorro da madame para passear. Coisa alguma se comentará sobre os respiradores fantasmas que encheram os bolsos dos sanguessugas do poder. Nenhuma pessoa trará à tona as lembranças dos conflitos idealizados pelo discurso do ódio. Não se recordará que a lei permitira que um centro enorme de políticos ficava em "stand-by" a espera de um posto de alto escalão do governo para obter garantia de vantagens e permissão de privilégios.

As cem covas cavadas em tom de protestos na areia de Copacabana frente aos aposentos dos milionários frequentadores do palácio também serão deslembradas. Todavia, alguém que sobrevivera a pandemia contaria que a prioridade era a economia e que as pessoas morreram como ovelhas entregues a um lobo selvagem que nunca foi identificado.

No museu dos presidenciáveis haverá juntado a outros ditadores o busto do chefe da nação que durante a guerra expusera seu povo ao devastador inimigo. Será pregada uma placa em seu peito a informar apenas o seu tempo de mandato. Contudo, poderá não haver estas lembranças de bronze e sequer o acervo de seus decretos e atos secretos, pois, ao passar dos anos, a luta pela liberdade poderá ter chegado ao fim e os nossos conquistadores e comerciantes de escravos serão jogados ao mar.

"Todavia

Alguém contará a história
A da discriminação
O negro a ser chamado de escória
Pelo preto do casarão

A dos crimes de corrupção
Na compra dos respiradores
Nos cofres da eleição
E nas mesas dos governadores

A das contendas em vão
A destruir as amizades
O cultuar com o irmão
E a fidúcia dos confrades

A do chefe da nação
No desprezo da pandemia
O não suportar da pressão
Que gerou a anomia."

Octogésimo nono dia

Era comemorado o Dia dos Namorados e já se sentia o efeito do minimalismo, pois naquele ano não houvera ostentações de gastos e o mais valorizado fora estar na companhia do ser amado. Eu dedicava um dia de silêncio para minha Maria Alice, a deixar os meios de comunicações desligados. Em vez de aquele jantar especial no restaurante da praia, degustamos de uma saborosa lasanha de carne acompanhada de um sápido vinho tinto.

A pandemia nos colocava nessa posição. A busca do prazer de comprar criada pelo vício do consumismo nos deixava a pensar na nossa mudança das ações cotidianas. Gostaria de poder me habituar a um novo estilo de vida que nos levaria à igualdade social, mas era utopia, o rico jamais abriria mão do excesso de carros na garagem, das centenas de saltos femininos da sapateira, dos closets lotados e tantas outras coisas fúteis. Seria um desafio depois que a guerra acabasse continuar a valorizar somente o básico, a viver com o mínimo possível sem aceitar as investidas do capitalismo que nos impressiona com suas armadilhas. A obsolescência planejada dos produtos estivera a caminho para que fôssemos seduzidos, pois o marketing digital invadia nossos celulares e nos convencia a voltar a mercar de forma propulsora as grandes novidades.

A cada vez mais o maximalismo vai se apoderando do ser humano, deixando-o atrelado ao consumo doente ao encher as paredes de quadros simbolizando a necessidade impulsiva do homem contemporâneo de preencher seu espaço físico e mental.

Intencionalmente, era o segundo dia que os grandes estabelecimentos comerciais estavam a funcionar, de maneira que, mesmo com restrições, os amantes e enamorados do sistema argentário não abriram mão do enfrentamento das filas e aglomerações para tirarem proveito das promoções da sexta-feira negra.

“*Sexta negra*

Um dia negro a nos convidar
E vestidos de nada
Aceitamos o convite
Do chupim oportunista

No salão da festa
A música guia nossos passos
Sobre o piso liso
E não nos deixa correr

Nossos olhos são hipnotizados
Pelos manequins airosos
Que apelam ao nos seduzir
Com abates

O nu finalmente
É tapado de joias
É tapado de sedas
É tapado de couro

E no volver para casa
Os corpos estão saudáveis
Vestidos de tudo
Mas despidos.”

Nonagésimo dia

Queríamos dar continuidade àquele dia tão especial para nós e a manhã de sábado estava a ser uma tentação. Fora o nonagésimo dia da nossa quarentena e com a flexibilidade de circulação de pessoas em nossa cidade, resolvemos voltar para o nosso ninho onde o lugar me convidava sempre para a ventura. Ao chegar ao teto da minha paz, ixoras me desejaram felicidades a me cumprimentar na manhã com sua beleza de cor não pura e eu recebia da janela os raios de sol que penetravam no meu café a me chamar para a orla do mar que há tempos me aguardava. Havia o cheiro de mato molhado que vinha da mata que arranhava o céu e sombreava o véu de águas geladas a me encantar. Os saguis se apresentavam como amigos a nos visitar na sacada a saudar a minha chegada e o dia prometia que seria ensolarado para que nós pudéssemos caminhar na praia. Todavia, eu e Maria não tínhamos coragem de encarar a primeira fase da liberdade, pois existiam poucos pássaros a voar a nos dizer do excesso de carbono no ar.

Retornamos para a Baixada Fluminense, onde a teimosia era maior, porém, eu tinha espaço para realizar meus exercícios com segurança e na companhia do meu neto.

Durante o retorno, eu passava por uma estrada que antes se avistava na beira gramada de um canal vários moradores de rua improvisados em suas casas de papelão a desejar nossas moedas em troca de uma breve limpeza de nossos para-brisas. O lugar estava totalmente deserto, pois alguns retornaram para suas comunidades e outros foram abrigados pela prefeitura que ocultava o fato. É a maldade dos capitalistas do topo que somam suas fortunas a desdenhar a pobreza que está no fundo do poço a nicles comer e a morrer de fome. A pandemia não os deixava mascarar esse fato e era necessário tirá-los do caminho e quando tudo encerrar, eles irão voltar com a mesma água e sabão que os pouparam.

“O *poço*

Há um poço profundo
Bem fundo
Onde a comida não chega
Somente se achega à morte

No topo, a mesa é farta
E desce a sobra do vinho
Que a classe do alto descarta
Nas cabeças de baixo

Na metade do poço
Há carnes de pescoço
Que comem o osso
A não querer racionar

E no último andar, nicles
Há o solo da penúria
Que se alimenta da fúria
A se inquietar.”

Nonagésimo primeiro dia

A líder da organização que avaliada pelo tribunal supremo como criminosa teve por diversas vezes a sua ideia de ser presa por injúria e desacato frustrada. A sua prisão iria gerar um impacto muito grande nos seguidores do comandante e ela poderia se transformar em uma heroína de guerra. Ela se sentia como no vale estreito, onde os "300" se mantinham vivos, porém, estavam a ser desmontados pelo alvo que obtinha todos os poderes para derrubá-los. A audácia do seu pequeno grupo era grande em tentar atingir o supremo adversário com flechas de fogo que explodiam no ar. Bastava saber se o minúsculo exército era uma alusão aos guerreiros de Gideão que cada soldado com apenas uma buzina e um jarro com uma tocha dentro venceram a batalha ou aos de Esparta que, quando foram dispersos do vale angusto e estratégico, perderam a peleja.

O poder do povo estava a ser mal representado por pessoas que cometeram riscos de agravos à saúde pública, pois além dos lançamentos de estrondos artificiais em direção à casa que guarda a lei, apresentavam-se sem máscaras de proteção ao exibir mais uma vez faixas antidemocráticas. A ideia de desmoralizar o poder do supremo estava a cair por terra, pois diferente da batalha mais heroica da antiguidade, aquela fugia dos padrões éticos da guerra.

Aquele fato despertava milhares de manifestantes do sudeste brasileiro que foram às ruas a fazer pleitos comuns em defesa da democracia. Os grupos de loucos, verdões, soberanos e peixes estavam unidos em manifestos a favor da vida que poderia finalmente ser a partida da paz nos estádios de futebol. O adversário era comum e o mosaico costumeiro das arquibancadas se transformava em gritos de insultos na geral provocados por mais uma atitude negativa do líder do governo de incentivar a invasão dos hospitais para uma contagem desnecessária. Mas, felizmente, os ânimos foram controlados por uma massa pensante e o protesto terminava pacificamente com as mensagens de "não" às barbáries que assolam o nosso povo trabalhador.

“*As bandeiras de guerra*

Um vale estreito dos trezentos
Era a estratégia da milícia
Que atrasava os eventos
E o poder de polícia

Sem chance de glória
Desafiaram o tribunal
Que na certeza da vitória
Os tiraram do vale

E na rua larga dos milhares
Pleiteava uma só torcida
Era a símile dos Palmares
Que lutava pela vida

E na avenida, o coro
Não era o choro da espada
Era o grito das bandeiras
As da democracia organizada.”

Nonagésimo segundo dia

Os mandados de prisão assinados pelo mosqueteiro da corte que foi ameaçado amanheceram nas mãos dos oficiais que aprisionaram os responsáveis dos tantos atos contra a democracia e uma investida de ataque contra o prédio da corte por meio de afronta e estilhaços de foguetes de pólvora.

A prisão tão desejada da líder exibicionista do grupo apoiador do dirigente, enfim, concretizada. Uma cruz de ferro nazista alemã tatuada na fronte superior de seu torso também confundia os seus adversários que aguardavam uma severa punição, entretanto, o seu conhecimento científico político era graduado a defendê-la. Seu passado conturbado de derrotas e inversões de ideias a deixava vulnerável às arremetidas dos seus odiáveis. O boneco eunuco fardado não interviera em sua defesa, pois outrora fora humilhado pelos seios nus ativistas e receava de sua credibilidade a ficar em silêncio. Mas paralelamente havia um amparo custeado por financiadores do crime que propagava via patranhas. "Que tenhas o corpo" era a solicitação dos exímios defensores da militante que tentaram finalmente o seu principal objetivo: uma prisão ilegal com a alegação de ser política.

A mídia opositora dava ênfase ao caso a torná-lo mais importante que o combate ao inimigo biológico, que não dava trégua com avanços para o interior dos estados, enquanto outros meios de comunicação exibiam os vetos dos projetos de lei do comandante do planalto a exaltar quaisquer que fossem suas atitudes.

"Atrevida

Ela antes mostrava os seios
A protestar contra a misoginia
A castrar sem nenhum receio
O boneco da tirania

Aliou-se aos democratas,
Os opositores ambidestros
E foi do partido enxotada
Pela afronta dos seus gestos

A defender o feminismo
Foi acusada de burlar
Já tinha traços do golpismo
A ser expulsa do altar

E tatuou a cruz de ferro
Em cima do coração
Desacatou a lei aos berros
A desafiar o guardião."

Nonagésimo terceiro dia

No nonagésimo terceiro dia do meu recolho social, eu me levantava de madrugada incomodado pela friagem que pelas frestas horizontais da janela me expulsava de Maria e me assentava na poltrona de tantos poemas e textos diários de minha quarentena.

Sentia-me um pouco sufocado e após beber exageradamente três copos d'água, eu enchia o meu coração de tristeza ao me lembrar dos anjos que se foram. O sono havia se despedido de mim e a inspiração literária tirou um folga a me deixar escrever em minhas nuvens a realidade do tão recente passado. Era tão bom quando eu acendia a churrasqueira enquanto as vozes se achegavam, olhava em volta e via a alegria nas faces bronzeadas dos meus a paparicá-los com a promessa da mais apetitosa degustação, ouvia os meus cantares de bossa nas vozes do trio feminino que me acolhia, enfrentava a fila dos torresmos da feira para satisfazer a feijoada de Maria, encontrava-me com a turma do científico a improvisar a nossa bela batucada misturada ao som da guitarra, enfrentava o comboio de alunos na rampa da escola puxados pela locomotiva a vir em minha direção, invadia o estádio lotado de cores a abraçar o desconhecido na hora do gol, corria em volta da vila olímpica a me aquecer para o futebol sub-sessenta das manhãs de sábado e tantos eventos nos arredores e beira da praia.

Todavia, eu tinha uma intuição que o inimigo enfraquecera e se despedira lentamente do nosso território ao contrário da opinião dos especialistas infectologistas que criticavam o afrouxamento. Esse otimismo me fizera a relaxar e sentir em mim a olência de minha amada que semiaquecida aguardava o meu retorno. A única coisa que não mudava foi a sinestesia de Maria Alice que misturava suas sensações a me tatear com olhos a ouvir meus passos.

“Toda noite, nós

A cada noite na cama
Eu deito e rolo
A desfrutar do tempo
E dos momentos nossos

O peito do meu pé
Sob a sola dos seus
Somente eu
No seu pensamento

Sobe até o pescoço
O arrepio, tremores de frio
A encurvar a sua cabeça
E a se espalhar em seu torso

Sê apegada ao meu cheiro
E eu ao seu
A pele colada ao colo
Um elo, um dueto, um prazer.”

Nonagésimo quarto dia

Havia tantas denúncias feitas pelos soberanos tribunais a exibir na mesa de mármore de Carrara os componentes e condimentos da pizza gigante. Eram sobre as mentiras digitais, os ataques ofensivos contra a guarda da lei maior, as lavagens das patacas de dinheiro e as fraudes no sistema de saúde. Naquele ínterim, o inimigo se manifestava a distribuir seus salpicos mortais, pois se iniciava segunda fase de flexibilidade. A peste pegava carona no meio de transporte coletivo a se pendurar nas suas barras metálicas a ser combatido pela higienização gelatinosa e bastava uma brecha para que ele fizesse novamente a festa. Aguardara o caminho estreito da escada rolante da rodoviária para tentar quebrar o silêncio das bocas fechadas dos usuários que foram obrigados a trafegar. Camuflada, invadia os gramados de testes onde os atletas jogavam suores no ar, mas que testados se escudavam dos contra-ataques. Deitava na areia das praias a ser pisado pelas solas quentes salgadas das pranchas dos musos que o impedira de se alastrar.

O cerco deixava o destemido invasor enfraquecido, algumas armas foram descobertas para combatê-lo, porém, era preciso cautela e os que não a tiveram, continuaram a pagar o preço. Restava então investir contra os ambulantes que oficialmente voltava com as novidades de seus produtos eletrônicos e seus tecidos piratas. Todavia, a maioria estava imune, pois fora libertada pela coragem e disposição de seus guerreiros de bancas improvisadas.

Uma grande amiga, professora de educação física e dança, me encomendou um poema infantil para utilizá-lo em sua "live" com os seus alunos do primeiro segmento e me dispus a escrevê-lo com muita simplicidade dentro do contexto da escola a incentivá-los a acreditarem que tudo voltaria ao normal e nos restaria o sentimento mais nobre, a gratidão.

“Ela está indo embora

Eu sei que ela está em despedida
Por isso, grato eu estou
Buscando voltar à vida
Com o restante que ficou

Estou com tanta ansiedade
De querer logo voltar
A andar pela cidade
E com vocês desfrutar

Poder dançar novamente
No pátio da felicidade
Correr muito contente
Com a total liberdade

E cantar com muita alegria
As canções do dia a dia
Nunca se esquecer do amor
E que por ele, grato eu estou.”

Nonagésimo quinto dia

Na terra onde se ouve o tropel das bandeiras, onde há o sítio que lavava dinheiro, escondia-se a peça mais importante do esquema da suposta organização criminosa que rachava o salário dos nomeados fantasmas da assembleia. A casa colonial do defensor judicial do clã do comandante geral da nação tivera que ser arrombada devido ao silêncio do gerente da lavanderia carioca que se trancava há um ano e, enfim, rendia-se às autoridades sem nenhuma reação. Havia também a possibilidade de se trocar o adjetivo "escondido" por "cativo", pois segundo alguns investigadores, o famoso articulador de cédulas cortadas não tinha uma vida comum. Mas poderia ser considerado um preso privilegiado, pois a comunidade em volta do possível cativeiro testemunhou por diversas vezes o subir da fumaça junto ao odor das carnes queimadas.

No interior do imóvel havia um cartaz do ato institucional mais poderoso da época, no qual ordens eram ditadas do planalto que poderia acender ainda mais a fogueira a romper o tendão de Aquiles da família real. O bruxo, dono do imóvel, que se tornara anjo, antes, respondeu em público que não sabia do paradeiro do procurado, contudo, o mantinha fechado em sua propriedade. Possuía acesso total ao palácio e era um dos mais fortes aliados do patriarca e sua parentela. O seu ato deixava os seus nobres clientes de calças arriadas ao ponto de quererem se distanciar para não aquecer mais ainda o chicote azorrague dos opositores. Ocultou-se como se tivesse recuperado seus poderes de mago e ninguém conseguiu localizá-lo para dar esclarecimento ou até mesmo se autodefender do crime de obstruir a justiça.

O seu superior mudava seu semblante a apresentar muito desgosto com a tripulação de sua barca e aceitou a demissão de mais um oficial a lhe conceder um abraço tão desengraçado quanto suas piadas de mau gosto.

“*Evidências*

O silêncio segredos guarda
E se quebra diante da lei
Que demora, mas não tarda
As denúncias contra o rei

A sua coroa tomba
Como a sua máscara de pano
E o seu inimigo zomba
A ironizar o seu dano

O seu semblante muda
Como de um líder derrotado
A pedir que alguém o acuda
A se sentir injustiçado

Mas a maior excelência
Nunca perde a superioridade
É preciso muita evidência
Para se perder a majestade.”

Nonagésimo sexto dia

Um governo confuso e repleto de contradições expostas ao resto do mundo numa época que será inesquecível e marcante para a nossa história nos deixava envilecidos. Era similar a um ídolo de cultura de massa que estoura com sua banda a encantar milhões de pessoas e que se for mal assessorado, sua carreira despenca a perder seus tietes. Seu conselho fora formado por pessoas incompetentes que cometiam gafes e amadorismo em suas ações a empurrá-lo cada vez mais para o despenhadeiro. Contratava os serviços de alguns indesejáveis indivíduos da sociedade que foram investigados por delitos de crueldade, mas, mesmo assim, defendia-os a associá-los à sua família. Vestia uma roupagem forçada de bom samaritano diferente do seu jeito louco de atuar e visivelmente se incomodava. Diminuía seu ritmo solto de atender os seus seguidores ao ignorá-los na saída da porta de seu camarim.

Era necessário que o venerado líder tivesse a arte de lidar com o público com tolerância e respeito para que a recíproca fosse verdadeira, o que se conseguiria com aproximação de alguns intelectuais da psicologia que estudariam a origem do seu comportamento tão agressivo a ajudá-lo, e não com os retóricos líderes de seitas que lideravam a fila do oportunismo. Os críticos não o perdoaram a debaterem sobre toda a sua trajetória e a mídia mostrava os momentos especiais com um dos seus amigos denunciados desde os tempos da servidão do exército até os dias memoráveis de encontros familiares. Esse amigo chorava em uma cela isolada de um complexo da zona oeste cercada de centenas de hienas a querer devorá-lo, pois outrora vestiu a farda que abusava da autoridade.

Em suma, o palco do artista contivera os mesmos instrumentos, porém, os componentes da banda pútrida estavam a abandonar o show que estava a ser destinado ao fracasso.

“*O fracasso*

O poder da cultura de massa
É tão rápido quão o sucesso
Tudo que é lépido passa
E não tem regresso

É como um terremoto
Que surge tão de repente
Tal qual um punhado de votos
Que elege um presidente

O grupo de fãs se decepciona
Com as suas apresentações
Até os que pegam carona
Sofrem com suas agressões

É o fracasso do mito
Que no palco perde a voz
Mas confia no plebiscito
E a derrota do seu algoz.”

Nonagésimo sétimo dia

Aproximava-se dos meus cem dias de quarentena e o sol que embelezava o céu também iluminava Maria que cedia aos seus encantos, mas ainda não chegava a hora de partirmos para o nosso cafofo que recebia as gotículas inofensivas salgadas transportadas pelo vento. Restava, então, encarar as ruas do movimentado bairro bem localizado da Baixada Fluminense para invadir a horta dos nossos ricos nutrientes a encher a mala do automóvel com a couve que convidava a sua amiga alface, que arrastava consigo o avermelhado fruto tomate que dava carona ao poderoso gengibre e a cenoura que era impreterível para a conservação da pele bronzeada de Maria Alice.

Bebemos uma água de coco super gelada tão recomendada para nos hidratar e proteger os meus rins dos cristais que outrora quase me findou. Por ser um sábado, ninguém abria mão das suas resenhas de boteco e o voltar para casa foi a ter a sensação que tudo estava normal. Foi-me prometida uma saborosa macarronada e eu retribuía com uma deliciosa limonada suíça que molhava os nossos beijos.

A cada dia eu admirava cada vez mais cada passo daquela mulher que me encantava há vinte anos, quando numa manhã de verão, Deus a me presenteou. Os meus olhos vidrados achegaram aos seus, enquanto suas meninas sorriam para os meus. As minhas mãos procuraram as suas que cederam despidas e suadas a se juntar ao frio das palmas e ficaram para sempre algemadas. A cada olhar havia uma certeza que era mesmo uma dádiva esmerada pelas mãos da nobreza e entregue ao coração do plebeu e para sempre nos tornamos uma carne só, uma aliança, uma unidade, um nó.

Eu não poderia esquecer o dia em que a flor sorriu para mim perdida entre espinhos e o seu repente anunciou uma mirada de amor. Ao tocar em suas pétalas com o côncavo de minhas mãos, a flor sorriu de novo e acelerou o meu coração. Transportei-a então para o seu jardim banhado pelos raios do céu e na metade do caminho, outro repente, em meus lábios, estames de mel.

Permaneci atado e quando acordei estava ao lado da flor que me apaixonei.

"Beijos e mais beijos

Quero me besuntar com o seu batom
A sua bocarra na minha boca fechada
Como o pão que saiu da primeira fornalha
No fim da madrugada

Quero o café da manhã na mesma cama
O chuvisco das águas mornas no mesmo lugar
A toalha gigante a nos secar
No instante que retorno a te beijar

E outra vez quero me lambuzar de beijos
E mais beijos, beijos e mais beijos."

Nonagésimo oitavo dia

O domingo de praia em Miami recebia o fugitivo oficial brasileiro que chegava no dia anterior do país que completava mais de um milhão de infectados e cinquenta mil mortes, o que significara que milhares de cidadãos choravam pelas partidas de seus entes queridos. Ao se despedir do líder nacional, ele foi o protagonista de uma cena inusitada ao pedir-lhe um abraço parceiro tão forçado que indicava o nível baixíssimo de ocitocina nos organismos de ambos os personagens, tal fora o cariz do comandante. Entretanto, a sua entrada no solo americano não poderia ter sido realizada devido ao seu compromisso com a cidade satélite. A sua estratégia de voar com carteirinha diplomática poderia lhe valer a indicação do novo emprego e uma possível deportação. Aquilo seria a recompensa para quem após entregar a sua defesa ao intimador tanto socou o peito a soltar caminhões de gotas nos seus seguidores que o carregaram nos braços.

Na terra onde Al Capone bateu as botas, ele não poderia soltar seus gritos chulos, pois não existia perdão para latinos. Seria o mundo dando a volta muito rápida para punir aquele que respondia pelo crime de racismo. A sua ida a Washington para assumir o cargo de alto escalão estava sendo questionada pelos integrantes do seu novo ofício que a considerava inadequada. Ele sentiria na pele as ações preconceituosas de uma sociedade xenofóbica que odeia os sul-americanos e deixam as sinagogas vulneráveis para possíveis ataques antissemitas.

Existia ainda uma grande contradição da organização mundial que apoia iniciativas voltadas à redução da pobreza e proteção do meio ambiente aceitar um profissional que fora conivente com as declarações do administrador da economia de seu país a bobageirar as seguintes mensagens:

"O pior inimigo do meio ambiente é a pobreza".

"Destroem, porque estão com fome".

“A *fuga oficial*

O mérito foi para o covarde
O inquérito não o empata
Ele voa em liberdade
Com passaporte de diplomata

Pousa no berço do capital
Onde há Uber de iates
Longe daquele tribunal
Que julga seus disparates

Mas o tiro sai pela culatra
Ou lhe acerta no pé
E o sonho do Catra
É levado pela maré

Sua volta é uma incógnita
Pois fugiu oficialmente
É o perfil do hipócrita
Que se associou ao presidente.”

Nonagésimo nono dia

No momento em que tudo parecia que o inimigo estava estafado e querendo ir embora, a imunidade de rebanho numeroso foi lhe dada de bandeja. Bastava aguardar alguns dias para ver o preço pago pela maldade dos que o atiçaram. As praias do meu encantado lugar estavam lotadas como se fossem uma colônia de férias dos adultos em ritmo de carnaval. As regras de distanciamento foram quebradas e as desrespeitosas criaturas entravam em uma aventura perigosa. Aumentavam-se cada vez mais as pegadas na areia e fincadas de barracas para abastecer e refrescar os corpos dóceis que foram facilmente convencidos pelo capitalismo. Somente um fato poderia me tranquilizar: o bando inteiro estar imunizado.

Então, eu compreenderia aquela festa de comes e bebes nos bares improvisados da orla. Eram duas classes a degustar da beleza do mar que batia suas ondas fortes a jorrar o sal em seus pés: uma, a ser a dos mais necessitados, era composta por banhistas desprotegidos do sol, e outra por observadores da natureza assentados sob guarda-sol.

A busca constante do prazer era comum e ninguém se importava com as consequências. O retorno para casa em ônibus lotados era o maior desafio e seria o teste fatal para sabermos se realmente estávamos a vencer a guerra. Os hospitais precários estavam em prontidão para uma grande remessa e eu torcia veementemente para que eles continuassem a tratar apenas dos que ainda tinham espaço para respirarem. Entretanto, eu soube que um time inteiro de jogadores de futebol do bando de loucos havia se contaminado, o que levara a pensar que o escrete seria salvo pelo recurso gigante que estivera sempre à beira de suas atividades, uma ambulância equipada de plantão.

A classe social "C" e "E" retratava a desigualdade, contudo, havia o grupo "A" que mostrava um gigantesco disparate e que posicionado no pico da pirâmide da nossa sociedade era o principal responsável pela abertura da porteira que confinava os gados domesticados.

Em suma, para se salvar a economia do rico, fora exigido o risco do pobre.

"Foucault: Vigiar e Punir

Não há mais masmorra
Há vigilância constante e reguladora
É a disciplina do mundo moderno
Uma sociedade controladora

Somos corpos dóceis, submissos e exercitados
de alta utilidade e de míngua obediência
Pertencemos a uma massa confusa,
um corpo de trabalho e eficiência

O poder descobriu a manha
O antes absolutamente ínfimo
Hoje um homem fabricado
Fácil de ser domado

O relógio é o senhor do tempo
Que possui o corpo dócil
Com ordem e ritmo perfeito
É preciso extrair tempo do tempo

Somos vigiados e punidos
Alienados seres silenciosos
Condenados à perpétua
pelo que não se sabe

O poder é onipresente
Tudo é exaustivamente visível,
mas a vigilância é oculta,
pois somos zeros e uns."

Concretismo:

"A arte mostrando os três personagens da nossa sociedade por meio da imagem"

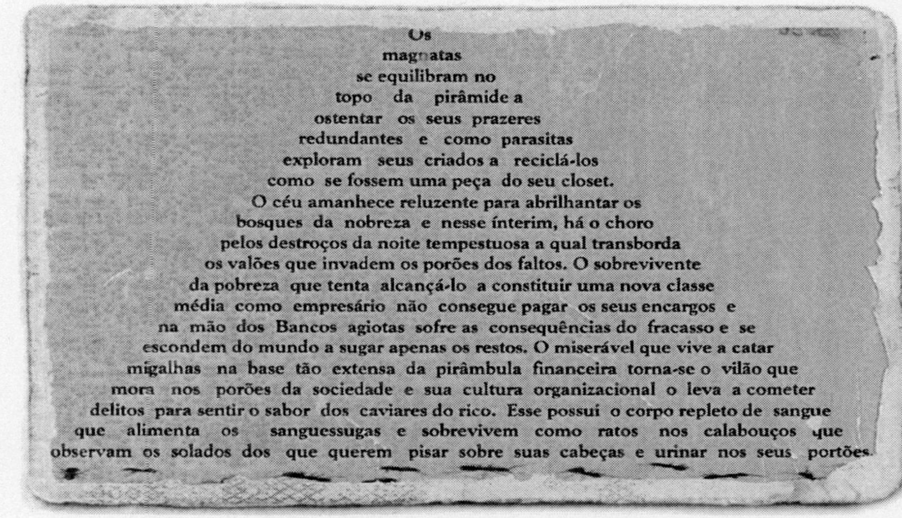

Os
magnatas
se equilibram no
topo da pirâmide a
ostentar os seus prazeres
redundantes e como parasitas
exploram seus criados a reciclá-los
como se fossem uma peça do seu closet.
O céu amanhece reluzente para abrilhantar os
bosques da nobreza e nesse ínterim, há o choro
pelos destroços da noite tempestuosa a qual transborda
os valões que invadem os porões dos faltos. O sobrevivente
da pobreza que tenta alcançá-lo a constituir uma nova classe
média como empresário não consegue pagar os seus encargos e
na mão dos Bancos agiotas sofre as consequências do fracasso e se
escondem do mundo a sugar apenas os restos. O miserável que vive a catar
migalhas na base tão extensa da pirâmbula financeira torna-se o vilão que
mora nos porões da sociedade e sua cultura organizacional o leva a cometer
delitos para sentir o sabor dos caviares do rico. Esse possui o corpo repleto de sangue
que alimenta os sanguessugas e sobrevivem como ratos nos calabouços que
observam os solados dos que querem pisar sobre suas cabeças e urinar nos seus portões.

Fonte: o autor

Centésimo dia

Passaram-se cem dias de isolamento social e me despedi do quintal dos pássaros canoros andantes, das plantas do jardim e da minha cabeleira a retornar com Maria Alice para o nosso lar com a promessa de toda semana visitar Asaph que derramava suavemente lágrimas emocionais de despedida.

Era muito necessário ter muita cautela, pois o inimigo ainda rondava a cidade, entretanto, eu seguia as normas com toda conformidade. Na metade do caminho, percebia-se a diferença de postura dos pedestres que maioritariamente preservavam suas vidas e aquilo se concretizou ao chegarmos ao condomínio que nos levava à rota do sol. As águas das piscinas estavam a se mexer lentamente a nos cumprimentar com a ajuda do vento que vinha do mar. As aves se espantaram com o abrir das nossas janelas e bateram asas numa sinfonia percussionada.

O oceano enviava por meio do ar o seu rocio que chegava sem odor ao nosso novo aposento. Contudo, o que mais nos interessava era a mansidão daquele lugar cercado de matas e o mar. O gosto do regresso estava por todos os lados: no café, no banho, no jantar, na cama.

Eu poderia ainda listar dezenas de debutes daquele precioso momento que durara algumas horas antes de fecharmos os nossos olhos quase em sintonia. A noite se tornara testemunha dos dois mais belos sonos, pois ela nos observava a nos transmitir abanos com sua ventania que balançava os galhos das palmeiras gigantes ao redor do condomínio a nos encolher e a nos fazer envolver.

O sol despertou somente o meu repouso e apresentou as nuvens brancas no claro lindo dia. Meu olhar ficou à mercê das imagens do céu e eu ficava a ver o aglomerado de gotas de cristais de gelo empurrado pela ventana de Deus a se formar em criaturas de minha mente: eu assistia a uma carruagem lotada de algodão doce, uma senhora de cabelos encarapinhados brancos, um poodle gigante e tantas outras figuras que se desfaziam no ar. Essa foi a resposta da natureza que, por meio de um dos seus adereços, dizia-me:

"Quão bela é a sua imaginação, Poeta".

"Fim"